CONVERSACIONES
CON UN VETERANO

Don Juan

SHODAI SENNIN J. A. OVERTON-GUERRA

"Conversaciones con un veterano Don Juan"

Primera edición en **MAMBA RYU PUBLICATIONS**: octubre 2013

ÍNDICE

PREFACIO

¤ *Dice mi madre que Usted sabe mucho de mujeres.*

¤ *¿Eso te dijo tu madre?*

¤ *Sí, que es Usted todo un Don Juan.*

¤ *Jajaja. ¿Un Don Juan? No sé si tomarlo como insulto o cumplido. Pero bueno, de todos modos dio en el clavo, me llamo Juan y mis clientes me llaman Don Juan. ¿Y?*

¤ *No, no, aparte de su nombre. Ella dice que Usted sabe mucho de la psicología femenina. Que trabajó como psicólogo con muchas mujeres, y de todas las edades, adolescentes, cuarentonas, y hasta prostitutas y pandilleras. ¿Es cierto eso?*

¤ *Pues sí, bastante verdad hay en ello. Pero de lidiar con las psicosis y neurosis de mujeres en un ambiente clínico a ser un 'Don Juan' — como tú me lo quieres aplicar — hay un buen trecho.*

¤ *No, no, no es solamente eso. Mi madre dice que además de eso que Usted ha tenido muchas experiencias con mujeres, y que nunca le faltaron admiradoras que le... que le... que le 'atiendan' vamos.*

¤ *¿Qué me 'atiendan'? ¿Eso dice tu madre?*

¤ *Sí, y mucho más.*

¤ *Sí, suena como algo que diría tu madre. Jajajaja. Que me 'atiendan'. Vaya. ¡Hasta suena interesante eso!*

¤ *Jajajaja. Pues sí. Ella dice que Usted con las mujeres pues, que tiene imán vamos.*

¤ *Sí, pero a veces repelente también.*

¤ *Dice mi madre que Usted es como el encantador de perros pero de mujeres.*

- ¤ *Jajajajaja.*
- ¤ *¿De qué se ríe?*
- ¤ *Pues dale género a tu enunciado.*
- ¤ *No le entiendo.*
- ¤ *¿Encantador de perros, pero de mujeres? ¿Encantador de perras? ¿Lo captas?*
- ¤ *Jajajaja. ¡Ahora sí! Jajajaja. ¡Si lo oyera mi madre eso!*
- ¤ *¡Uy! ¡Para qué empezar! Mejor no. Vale, vale, chiste de mal gusto, lo sé, pero no lo pude resistir. No te vayas a creer que soy un misógino. Las mujeres, pues tienen su propia psicología.*
- ¤ *¿Pero es cierto lo que dice mi madre?*
- ¤ *¿Sobre?*
- ¤ *Sobre que Usted, que ha ligado mucho, que ha tenido muchas mujeres en su vida.*
- ¤ *Pues… algo… digamos que no anda del todo desencaminada tu madre en ese punto. ¿Y a qué viene todo esto?*
- ¤ *Pues yo quiero aprender.*
- ¤ *¿Aprender? Pues aprender siempre está bien, en un principio, claro, pero depende de la naturaleza del aprendizaje. ¿Aprender el qué específicamente?*
- ¤ *¡Pues a ser un Don Juan!*
- ¤ *¡Ay muchacho! Mira, mejor empecemos por aclarar tu concepto de Don Juan, antes de nada, ¿no te parece? ¿Qué es para ti ser un 'Don Juan', como tú lo llamas?*
- ¤ *¡Pues un 'Don Juan' es un 'Don Juan', el mismo nombre lo dice todo! Un 'Don Juan' es un hombre que sabe seducir mujeres a su antojo y… ¡que siempre las trae de calle vamos!*
- ¤ *¿De calle?*

☒ *O sea que le persiguen.*

☒ *¿Acechadoras? No gracias. Bastantes líos tengo en mi vida como para tener mujeres que me vayan acosando.*

☒ *¿Cómo?*

☒ *Es broma muchacho, es broma. Es cuestión de respeto. Venga, sigue contándome lo que es un 'Don Juan' para ti.*

☒ *Pues eso, como Don Juan Tenorio.*

☒ *¿Conque un Don Juan Tenorio? Mira, creo que tenemos que aclarar algo, ¿vale?*

☒ *¿Va a empezar a contarme sus secretos?*

☒ *¿Secretos?*

☒ *¡Sí, secretos! Por eso estoy aquí. Para que me cuente sus secretos de cómo manipular a las mujeres.*

☒ *¿De qué secretos me estás hablando?*

☒ *¡Pues de los secretos de ser un 'Don Juan'!*

☒ *Te ha picado fuerte esto, ¿verdad?*

☒ *Pues es que no le encuentro nada más importante en la vida de un hombre que saber lidiar con las mujeres.*

☒ *Pues, en eso quizás tengas un buen punto... Pero solamente es un punto de partido.*

☒ *¿Cómo? No entiendo.*

☒ *Mira, el Don Juan de la obra de Tirso de Molina o de Zorrilla no es más que un sinvergüenza que se dedica a desvirtuar a cuantas más mujeres mejor, recurriendo a cualquier artificio para lograrlo. No es nada honorable, nada para emular, créeme. Pero es un buen punto de partida para entender la mentalidad de los hombres de la cultura hispana.*

☒ *¿Cómo dice?*

- ¤ *¿Qué parte no comprendiste?*
- ¤ *Le perdí con eso de la obra de... ¿de quién?*
- ¤ *¿Cómo que de quién? ¿Acaso no sabías que Don Juan es el protagonista de cantidades de obras literarias?*
- ¤ *Pues... creo... sí... no... algo...*
- ¤ *¿En qué quedamos, en que 'sí', en que 'no', en que 'crees', o en que 'no crees'?*
- ¤ *No, en realidad para qué le voy a mentir, no lo sabía. Creí que era algo que se llamaba a los hombres que conquistan a muchas mujeres. De hecho, creí que era un tipo real, como histórico.*
- ¤ *Pues desvergonzados no han faltado en la historia, pero Don Juan Tenorio es un ente ficticio, arquetípico en realidad. Así que casi podríamos decir que más real que real.*
- ¤ *¿Qué significa 'arquetípico'?*
- ¤ *¿Entendí mal o tienes estudios universitarios?*
- ¤ *Sí, y me licencié con honores.*
- ¤ *Pero obvio que no en filosofía y letras.*
- ¤ *No, para nada. Yo pura ingeniera industrial.*
- ¤ *¿Y no te gusta leer, verdad?*
- ¤ *Artículos de mi profesión, sí.*
- ¤ *Me refiero a literatura, filosofía.*
- ¤ *¡Para nada!*
- ¤ *¿Sabías que se puede ser muy educado pero totalmente ignorante?*
- ¤ *Pues nunca me lo había planteado, la verdad.*
- ¤ *Si quieres saber de mujeres no vas a encontrar nada en tus revistas de ingenieros, te lo aseguro. Antropología cultura,*

psicología biológica, psicología evolucionista, sí, ¿pero ingeniería? Para nada.

☐ Es que no me gusta leer nada que no sea de mi especialización.

☐ Pues ingéniate esto ingeniero: Uno, lidiar con el género femenino no se trata tanto de conquistas como donde no hay que ni pensar en invadir.

☐ ¿A qué se refiere? No entiendo.

☐ Hay mujeres que hay que evitar como la plaga de la misma forma que hay guerras que acabarían con cualquier ejército. Hay relaciones que son como el mismísimo Vietnam: fáciles de entrar e imposibles de salir.

☐ ¿Sí?

☐ Créeme. Dicen los Sioux que guerreros sin cicatrices nunca vieron batalla.

☐ ¿O sea que no son guerreros?

☐ ¡Vaya! ¡Eres listo a pesar de ser un ingeniero! Pues sí. Uno aprende por experiencia que es la forma más amarga de aprender. ¿'Relaciones Vietnam'? Bastantes hombres han caído en ellas, ¡y hasta salen con su estrés postraumático!

☐ ¿Me está bromeando Don Juan?

☐ ¿En cuanto a las 'relaciones Vietnam', o qué?

☐ Sí, en cuanto a eso.

☐ En absoluto. Muchacho, una mala relación es peor que cualquier frente, porque no tiene cuartel: la batalla la tienes en tu misma casa, en tu mismo cuarto y en tu misma cama.

☐ Nadie me había hablado de eso. ¡Siga!

☐ Dos, las mujeres no se conquistan.

☐ ¿No? ¿Entonces? ¿Cómo se consiguen?

¤ *Quítate esa estupidez de la cabeza — las mujeres se prestan para la ilusión de que las conquisten. Serán el género débil pero por eso mismo aprendieron a hacer a los hombres levantar las cargas pesadas. ¿Y sabes por qué? Mejor dicho, ¿sabes cómo?*

¤ *¿Cómo?*

¤ *Usando tus mismos impulsos en tu contra.*

¤ *¿Mis mismos impulsos?*

¤ *Mediante la implícita promesa del sexo.*

¤ *No le entiendo. Bueno, lo entiendo a medias.*

¤ *Sí, ese es el problema muchachito, no lo comprendes. Mira, antes de ir a la 'conquista' de cualquier mujer tienes que conquistarte tú mismo.*

¤ *¿Yo? ¿Cómo? ¿A qué se refiere?*

¤ *Me refiero a tu libido. Elimina el factor sexo cuando andas detrás de una mujer y podrás empezar a ver al ser humano en sí — con sus defectos y virtudes. El primer paso para saber lidiar con las mujeres es dejar de desnudarlas de cuerpo y enfocar en lo único que verdaderamente importa.*

¤ *¿Qué es eso?*

¤ *¡Desnudar su mente! ¿Qué va a ser?*

¤ *Nunca lo había pensado así.*

¤ *Más bien, creo que nunca has pensado — ¡punto! Te lo voy a demostrar. ¿Cuando ves a una mujer atractiva qué es lo primero que te viene a la cabeza al respecto?*

¤ *Pues acostarme con ella.*

¤ *Claro, eso es natural. Cuestión de biología. ¿Y después?*

¤ *¿Cómo que después?*

- ¤ *Sí, después, después. ¿Después en qué piensas?*
- ¤ *Pues, cómo me las voy a ingeniar para acostarme con ella.*
- ¤ *Ese es tu primer error.*
- ¤ *¿Pues en qué más voy a pensar? Si quiero lograr mi objetivo, pues necesito una estrategia, ¿no cree? ¿O a Usted se le echan encima así como así?*
- ¤ *El error, muchacho, es que no te pones a pensar qué vas a hacer con ella después de acostarte.*
- ¤ *¿Y si no lo consigo?*
- ¤ *No seas simple. Ese no es el punto. ¿A ver, cómo demonios te lo pongo? Mira, ¿el tipo de mujer que simplemente se acuesta con un hombre sin más ni más, que después te diga, 'muchas gracias, y si te he visto no me acuerdo', cómo la calificarías?*
- ¤ *¿Cómo la calificaría?*
- ¤ *Sí.*
- ¤ *O sea, ¿cómo la llamaría?*
- ¤ *Sí, ¿cómo la llamarías?*
- ¤ *Pues una 'cualquiera', una 'fácil', una piruja, una ramera, una...*
- ¤ *Ya, ya. Basta. ¿Tú te acuestas con prostitutas?*
- ¤ *¡No! ¡No estoy tan urgido como para eso!*
- ¤ *¿Pues qué diferencia hay entre una prostituta y una mujer que no te cobra, pero que para el caso es lo mismo, la cogida y 'adiós muy buenas'?*
- ¤ *Pues, tal y como Usted lo pone, el costo.*
- ¤ *Exacto. Una es gratis, la otra te cuesta, pero para el efecto es lo mismo. ¿Eso es lo que buscas en una mujer?*
- ¤ *No, claro que no.*

⌷ *Entonces, volvamos a mi pregunta principal.*

⌷ *¿Cuál era esa?*

⌷ *En vez de pensar cómo la vas a llevar a la cama, ¿acaso piensas que vas a hacer con ella después de llevarla a la cama?*

⌷ *O sea, ¿hablar, por ejemplo?*

⌷ *Por ejemplo, es un buen comienzo.*

⌷ *Pues... la verdad no. Me quedo en... vaya. Ahora le entiendo.*

⌷ *¿Qué entiendes?*

⌷ *Que por lo general los hombres solamente pensamos en cómo acostarnos con las mujeres y poco más.*

⌷ *Regla: nunca te acuestes con una mujer con la que no quieras amanecer al día siguiente.*

⌷ *¡Genial! ¿Dónde aprendió eso?*

⌷ *De una mujer, de hecho de mi madre. Lamentablemente tardé muchos años en aprender la lección.*

⌷ *¿Pero no se podría evitar ese problema simplemente con no llevármela a mi casa y así poderme ir a la mía para dormir?*

⌷ *¿De verdad eres tan simple, o te esfuerzas?*

⌷ *....*

Dos días antes... suena el teléfono...

⌷ "Dígame."

⌷ "¿Así contestas tu teléfono?"

⌷ "Evidentemente sí. ¿Quién habla?"

⌷ "Ya sabes quién es. No te hagas el muy solicitado."

⌷ "Disculpe, pero no tengo la menor idea de quién es Usted. ¿A qué número marca?"

- "¡Mira que me vas a hacer enojar, eh!"
- "Señora, creo que se ha equivocado de número. Buen día."
- "¡Ni se te ocurra colgarme Juan o voy a tu casa y te la armo! ¡Eh! ¡No tiene gracia esto!"
- "Seas quien seas o me dices cómo te llamas o te cuelgo. 3... 2... 1..."
- "¡Está bien! ¡Está bien! Soy Marta. Eres un grosero, ¿lo sabes? Y no me puedo creer que no me hayas reconocido la voz. ¡Eso no te lo voy a perdonar nunca!"
- "¿Nunca?"
- "¡Nunca!"
- "Bueno, entonces mejor cuelgo."
- "¡Ni se te ocurra Juan!"
- "Jajaja. Es broma. ¿A ver, qué se te ofrece?"
- ¿Cómo que 'qué se te ofrece'?"
- "Pues sí. Suena mejor que '¿qué quieres?' o '¿qué necesitas?', ¿no crees?"
- "¡No quiero nada tuyo!"
- "¿No?"
- "No, para nada. Solamente te llamaba para ver cómo estabas, ¡y conste que me arrepiento completamente!"
- "Ah, entonces acepta mis disculpas por ser un mal pensado. ¡Mira que soy un mal pensado! Dos años sin oír de ti y pues pensé que me llamabas solamente porque querías pedirme algo."
- "No Juan, no. No todos somos unos interesados que solamente buscamos a los demás cuando necesitamos algo de ellos. Yo te llamaba para ver como habías estado, y nada más."

- ⌑ "De nuevo, te ofrezco mis disculpas. He estado muy bien, gracias. ¿Y tú?"
- ⌑ "Yo muy bien, gracias. ¿Ves?"
- ⌑ "¿Que si veo el qué?"
- ⌑ "Que podemos ser seres civilizados y tratarnos con respeto y cariño."
- ⌑ "Pues claro, claro que sí. Bueno, pues gracias por llamar, por preocuparte por mí. Me da mucho gusto saber de ti y que estás bien. ¿Y la familia?"
- ⌑ "Todos muy bien gracias."
- ⌑ "Me alegro, y mucho. Bueno les saludas a todos."
- ⌑ "Sí, por supuesto, de tu parte."
- ⌑ "Un beso. ¡Ciao!"
- ⌑ "Bye."
- ⌑ *Clic....*
- ⌑ *Clic...*

Dos minutos después... suena de nuevo el teléfono:

- ⌑ "Dígame."
- ⌑ "¿Sabes que eres un grosero, verdad?"
- ⌑ "Jajaja. ¿Yo? ¿Por qué?"
- ⌑ "Porque sabes perfectamente que te llamo para pedirte ayuda pero insistes en hacerte de rogar."
- ⌑ "¡Jajaja! La verdad no sé de qué rayos me hablas. Nadie te está haciendo nada. Te pregunté que qué querías y me largaste un rollo de que solamente llamabas para saludarme. Ahora resulta que sí necesitabas algo pero no me lo querías admitir."

- ¤ "¡Yo no necesito nada de ti, Juan, eso ya lo deberías saber!"

- ¤ "¿Oye, no te va costar minutos en tu celular esta rumba?"

- ¤ "¿Cómo que 'esta rumba'?"

- ¤ "Sí mujer, este baile. Me llamas para decirme que no necesitas nada, colgamos y me vuelves a llamar. Anda, suéltalo de una vez. ¿Qué necesitas?"

- ¤ "No necesita nada de ti, personalmente no. Es por mi hijo por quien llamo."

- ¤ "¿Por tu hijo? ¿Enrique?"

- ¤ "¿Cuántos hijos tengo?"

- ¤ "Ya. ¿Y qué le pasa – digo aparte de lo obvio?"

- ¤ "¿Cómo que 'aparte de lo obvio'?"

- ¤ "Sí, de lo obvio, de lo de siempre que le ha pasado."

- ¤ "¿Y a qué te refieres con eso de 'lo de siempre que le ha pasado'?"

- ¤ "A parte de haber tenido la enorme fortuna de haber nacido en tu familia. ¿Aparte de eso, que pasa con él?"

- ¤ "¿Hablas así a todos tus pacientes o clientes o como los llames?"

- ¤ "Mis pacientes, alumnos, clientes, o como los llame reconocen que tienen problemas y por eso acuden a mí. Van al grano, y no gastan mi tiempo con pantallitas y mascarillas dando vueltas con que si cómo estoy."

- ¤ "Te aguanto por mi hijo."

- ¤ "Vale. ¿Y qué le pasa al principito – salvo eso mismo, de ser un principito?"

- ¤ "¡Cállate y no empieces!"

¤ "Pues buena conversación vamos a tener si me callo y no empiezo. Mejor colgamos y hablas tu solita."

¤ "¡Mira Juan! ¡No mames, eh! ¡Que esto es serio!"

¤ "Vaya, y dices que yo soy un grosero. ¡JAJAJAJA!"

¤ "¡Es que me pones los nervios de punta!"

¤ "No Marta. Tú te pones los nervios de punta solita. Yo no tengo el control remoto de tus emociones."

¤ "¡Guárdate eso para tus pacientes!"

¤ "O sea, para tu hijo, ¿no? ¿No es eso para lo que me llamas?"

¤ "Sí, te llamo para eso, pero ya me estoy arrepintiendo de ello."

¤ "Bueno, si te arrepientes tanto no te preocupes, seguro que hay muchos psicólogos muy capacitados para ayudar a tu hijo."

¤ "¿Pero si tú mismo me has dicho que no crees en la psicología? ¿Para qué me mandas a que envíe a mi hijo con un psicólogo si tú, teniendo un doctorado en psicología, no apruebas de ella?"

¤ "Nunca dije que no aprobara de la psicología."

¤ "¡Encima de grosero eres un mentiroso!"

¤ "Bueno, está bien. Sí lo dije, pero me estás citando fuera de contexto. Lo que dije es que para resolver la inmensa mayoría de los problemas de la gente la psicología clínica no sirve. Mira Mariana..."

¤ "¡Cómo que Mariana!"

¤ "Perdona, me confundí."

¤ "¿Quién es Mariana?"

¤ "Nadie, nadie. Déjalo, quise decir Marta. Jajaja. ¡No te sofoques mujer! Es solamente una confusión."

- "¿Quién es Mariana? ¡Por tu madre me vas a decir ahora mismo quién es Mariana! ¿Una de tus 'seguidoras', verdad? ¡De tus 'fans'! ¿Verdad?"
- "Mira, que no conozco a ninguna Mariana. Jajajaja. Solamente te estoy haciendo de rabiar."
- "¡Mira que confundirme con una de 'esas'!"
- "¡JAJAJAJAJAJAJA! No tengo ni la más remota idea de lo que me estás hablando."
- "¡Juan no insultes mi inteligencia, no insultes mí inteligencia! ¡No he nacido ayer! ¡He visto tu muro de Facebook y sé que siempre tienes a media docena de tus 'fans' revoloteando y dándole 'likes' a cada pendejada que cuelgas!"
- "¿Pero no me dijiste que me habías eliminado y bloqueado?"
- "¡Yo hago lo que me da la real gana! Además tengo cuentas que tu ni sabes."
- "Bueno, Mirna, volvamos a lo de tu hijo."
- "¿Mirna? ¡Mirna será tu madre!" *clic…*
- "¡JAJAJAJAJAJA!"

Media hora después… suena otra vez el teléfono.

- "Dígame."
- "¿Y qué le vas a decir a mi hijo?"
- "¿Tú otra vez?"
- "¿Qué, te creías que con tu jueguito de nombres te ibas a librar de mí tan fácilmente?"
- "Pues la verdad, tenía esa esperanza."

- "Estás tratando con una madre que vela por sus hijos. ¿Qué sabrás tú del amor de una madre?"
- "¿Y qué sabrás tú del amor de un padre?"
- "¡No es lo mismo! ¡Los padres no dan a luz a los hijos!"
- "Una verdad como una catedral. Pero eso no nos hace dispensables. En todo caso, ¿por qué acudes a un hombre para tratar a tu mocoso si las madres lo pueden todo?"
- "Dime de una vez, ¿qué le vas a decir mi hijo?"
- "¡Rayos! ¡Pero acaso hablas en serio!"
- "¡Claro que hablo en serio! ¿Qué creías? ¿Qué era plan para meterme de nuevo en tu vida? ¡Por favor! ¡Que engreído eres! No estoy tan urgida. Me sobran pretendientes, más jóvenes y mejores que tú."
- "¡Jajajaja! Vale, vale. Me alegro mucho por ti. Pero volviendo a lo que estamos, esto de tu hijo no va a funcionar."
- "¿Cómo que no va a funcionar? ¿Qué me quieres decir con eso?"
- "Te quiero decir que no voy a trabajar con él."
- "¿Pero por qué no? ¿Cómo qué no?"
- "¿Qué parte no captaste? ¿La 'n' o la 'o'? 'No'."
- "Eso es inaceptable Juan. Totalmente inaceptable. Tú tienes la obligación de tratar a mi hijo como si fuera otro candidato cualquiera para tu programa."
- "Mira, si quiere integrarse a alguno de mis programas, pues adelante, pero trabajar con él mano-a-mano, uno-a-uno, olvídate. No necesito más broncas contigo. ¡He tenido más que suficientes!"

- ⌘ "Ah, entiendo. ¿Me la guardabas verdad? Entonces te estás vengando de mí a través de mi hijo. Te estás desquitando en mí con mi hijo. ¡Qué falta de profesionalidad la tuya!"
- ⌘ "Mira Marta, nos conocemos demasiado y sé que solamente sería un quebradero de cabeza…"
- ⌘ "No, si ya entiendo. Esa es tu venganza contra mí, tomarla con mi hijo. Está bien, está bien. Espero que te sientas satisfecho. ¡ADIÓS!" *clic…*

30 segundos después… vuelve a sonar el teléfono.

- ⌘ "Por qué no nos encontramos en persona y hablamos sobre todo esto como dos adultos."
- ⌘ "Gracias, pero no gracias. Paso. No hay nada que tengamos que decir que no podamos comunicar por teléfono. De hecho creo que ya lo has dicho todo. Según tú yo me estoy desquitando en tu hijo."
- ⌘ "Mira Juan, no me hagas rogarte. ¿Eso es lo que quieres no? ¿Qué me ponga de rodillas? No lo hagas por mí. Piensa en Quique, él no tiene la culpa de que tú y yo no nos llevemos bien."
- ⌘ "Marta, el chico no necesita un terapeuta, necesita un padre."
- ⌘ "Pues qué bien que no necesite un terapeuta ya que tú siempre decías que no crees que en la terapia sino en el aprendizaje. Tómale como tu aprendiz de esos que tienes. ¿No?"
- ⌘ *Suspiro profundo…* "A ver, ¿qué rayos le pasa a Enrique que te tiene tan sacada de quicio?"

¤ "Es que no sabe manejarse con las mujeres. Siempre es lo mismo con él. Empieza a salir con una novia y se convierte en el centro de su universo, deja los estudios, deja los amigos, deja el deporte..."

¤ "Te deja a ti..."

¤ "¡Nada tiene esto que ver conmigo! ¡No empieces a culparme a mí de todo! Para empezar, tú siempre dices que un muchacho para formarse en verdadero hombre necesita un hombre para verdaderos hombre para formarse. ¿No? ¿No decías eso? ¿Pero dónde estaba el papá?"

¤ "¿Antes de morir, querrás decir?"

¤ "Pues sí, ni modo que desde ultratumba le va a guiar. Además tú no crees en esas cosas. ¡A ver! ¡Dime! ¿Dónde estaba el papá?"

¤ "Pues dímelo tú, yo nunca le conocí."

¤ "Pues te lo digo y te lo pongo simple: ¡De pirujas y de pedas! ¡Así se lo pasaba!"

¤ "¿Bueno, algo trabajaría no? Para mantenerte en el estilo en el que te acostumbraste a vivir. Levantó una empresa y de eso seguís viviendo todos."

¤ "¿Ahora le vas a defender?"

¤ "Yo no defiendo a nadie. Solo trato de poner algo de perspectiva. Sabes que no tomo ni ando de fiestas, mucho menos de pirujas. ¿Pero algo hizo bien el hombre antes de morirse, no?"

¤ "Sé que no tomas parte pero todos los hombres se cubren. ¡Y no te hagas el santito! ¿O me vas a decir que no te gustan las mujeres?"

- "¿Sería mejor que me gustaran los hombres?"
- "¡Qué sarcástico eres!"
- "Pero Marta, es que eres absurda. ¿Qué tiene que ver tu ex-marido conmigo? Te lo pongo simple y fácil: *nada*. Na-da. ¿Vale? Pero no me vas a decir que tú eras un ángel de mujer tampoco."
- "Yo nunca le fui infiel."
- "No me refiero a eso, me refiero a que tienes un genio de la chingada. Eres manipuladora y controladora. No respetas autoridad alguna, mucho menos una masculina. Tanto tú y tu marido erais dos pata para el mismo gallo."
- "¿Qué quieres decir con eso?"
- "Como dicen por ahí: '*Dios los cría y solitos se juntan.*' ¿Cómo era tu padre?"
- "¿Cómo qué cómo era mi padre?"
- "¿Acaso no era mujeriego y bebedor?"
- "Igualito a mi marido, ¿a eso vas, no?"
- "Pues sí, ya lo hemos discutido muchas veces. Has estado en bastantes seminarios míos para saberlo. ¿Y de qué te han servido? ¿Los machitos latinos se crían solos? No, claro que no. Las madres les hacen sentirse como el centro del universo, los convierten en los narcisistasególatras que son, y luego otras mujeres tienen que lidiar con ellos y con sus egoísmos. Lo mismo con las mujeres. Los patrones se repiten. ¿Y cómo era el padre de tu ex-esposo?"
- "Pues igualito a él, un borracho y un pirujo. Dejó a su esposa, a la madre de Eduardo, con tres hijos y se fue con otra."

- "¿Entonces cómo rayos quieres que salga tu hijo? Tú te casaste con lo que conocías, con un fiestero. Seguro que tú no eres muy diferente a la madre de tu ex-marido, Eduardo."
- "¿Qué quieres decirme con eso?"
- "Pues más claro imposible: los patrones se repiten. La *madre* los cría y ellos se juntan."
- "¿O sea, que estás culpándome a mí por todo?"
- "No se trata de culpas sino de causas. Y por supuesto que tú has tenido que ver en gran parte en la causa de la situación de tu hijo."
- "¡Pero si tú mismo has dicho que estos patrones se heredan!"
- "Sí, claro que sí. ¡Pero te llevo diciendo que tienes que cambiar desde hace bastante tiempo! ¿Y qué has hecho?"
- "Me he esforzado mucho, pero tú mejor que nadie deberías saber que no es fácil. De todos modos no me parece justo que sabiendo que somos víctimas de una serie de patrones que hemos heredado te niegues a ayudar a mi hijo."
- "Mira, Marta…"
- "¿El qué miro?"
- "A ver. Déjame adivinar. Enrique está saliendo con alguien que no te agrada, ¿verdad?"
- "¿Cómo lo sabías? ¿Has visto su muro de Facebook, verdad?"
- "Para nada. Perdona, pero tengo mejores cosas que hacer. Ni le tengo agregado creo. ¿Cómo lo sabía? Simple. Vamos a contar verdades, ¿vale?"
- "Venga. Ya era hora de que te atrevieras a hablarme en claro."
- *Suspiro profundo…* "A ti siempre te ha convenido que tu hijo sea un principito, o 'princeso' como se dicen hoy en día."

- "¿Y eso qué significa?"
- "Significa eso de tenerle como el gran consentido y mimado de su madre te sirve igualmente para controlarle."
- "¡Pero si él siempre hace lo que quiere! ¡No escucha a nadie!"
- "¡Claro que hace lo que quiere! Menos cuando tú le chantajeas o manipulas emocionalmente. ¡Claro que no escucha a nadie! Salvo a ti, claro cuando te conviene. Bueno, ahora todo eso se complica porque tiene a otra hembra que le maneja el control remoto, una que le chantajea no solamente emocionalmente sino sexualmente, lo cual es de momento más poderoso que tus manipulaciones de madre. ¿Y crees que a estas alturas, después de toda una vida aprendiendo a no obedecer sin chantajes me va a escuchar a mí? ¡Vamos Marta! ¡Que no soy ni su padre!"
- "¿Y luego?"
- "¿Y luego? ¡Y luego! Mira, lo que quiero decir con todo esto es que de niño te convenía consentirle porque era una muletilla emocional, como un perrito faldero incapaz de hacer nada por sí mismo. No como su padre que salía por la puerta para ponerte los cuernos y buscar satisfacer sus necesidades. Pero ese chihuahua ya creció en pitbull, ahora sigues haciendo todo por él pero no le controlas tanto como siempre porque ahora necesito algo que tú no le puedes dar."
- "¿Y eso qué es?"
- "Simple: sexo."
- "¡Qué grosero eres!"

⌘ "No creo que sea una grosería decir la pura verdad: llegada cierta edad puede más la vulva de una mujer que el regazo de la madre."

⌘ "¡Qué asco me das!"

⌘ "¿Te ofende la palabra 'vulva'? ¿Vale, pues qué tal 'vagina'? ¿Mejor?"

⌘ "¡Por favor! ¡Todo es coger con ustedes los hombres!"

⌘ "No, no es cierto. Pero con respecto a las mujeres es una buena parte."

⌘ "¡Ustedes son unos cerdos! ¡Todos!"

⌘ "No, Marta. No somos cerdos. Simplemente somos varones, algunos pocos hombres, los demás muchachitos, 'princesos' – pero todos varones. Y cuanto antes las mujeres, las hembras de la especie, lo reconozcan por lo que es – la realidad, la verdad – mejor será para todos. No somos mujeres ni vamos a serlo. Somos diferentes. Punto."

⌘ "¿No ve vas a decir que todos los problemas de mi hijo se reducen a sexo, verdad? ¡Porque como me digas eso te puedes meter todos tus títulos donde te quepan!"

⌘ "¡Y dices que yo soy el grosero! Jajaja. Mira, es algo así como esto, al menos en parte. Los muchachos salen de la matriz de su madre y si no se forman como hombres pues buscan otra matriz donde puedan entrar y seguir siendo muchachitos. Los hombres no crecen, se forman. ¿Entiendes? Es como aprender a hablar, a conducir, a cocinar, pero es algo que solamente se puede aprender de otro hombre – una mujer jamás podrá hacerlo."

¤ "¡Que no te oigan las madres solas que te comen vivo! Además, eso me suena a más de lo mismo: buscan puro sexo."

¤ "Como que me oyes pero no me escuchas, ¿verdad? No es solamente sexo lo que buscan, sino sexo además de todas las comodidades y consentimientos que les ofrecía sus mamás."

¤ "¿Ahora resulta que me vas a decir que a ti no te gusta que te consientan? ¡Pero si tú eres el rey de tu castillo y no admites a nadie que no sean tus súbditos! ¡Tú con tú 'mi castillo, mis reglas'!"

¤ *Sonrisa silenciosa.* "Pues sí, 'mi castillo, mis reglas'. Rey sí, pero jamás 'princeso'. Jajajaja. Pero si me quedo en mi castillo solito no me muero de hambre porque no sepa hacer la compra o cocinar por mi cuenta; ni se me llena el castillo de mierda porque no sepa yo mismo lavar platos, baños, suelos, la ropa, o hacer una cama. No necesito estar en una relación para sobrevivir. De hecho disfruto mucho de mi soledad – cuando me toca."

¤ "¿Y ahora te toca?"

¤ *Pequeña carcajada callada.* "Enfoca Marta, enfoca: tu hijo."

¤ "Los hombres precisan de mujeres para cuidarlos. Así Dios lo quiso."

¤ "Como empieces por ahí sí que te cuelgo, ¿eh? ¿Estamos?"

¤ "¿Por dónde?"

¤ "Por Dios."

¤ "Tú y tu ateísmo."

¤ "¿Qué tiene Dios que ver con lo que en esta sociedad, en toda esta cultura, vamos, se malcrían a los hijos?"

¤ "Pero Dios es amor y perdón."

☐ "Dios es amor y perdón. ¿Vale, pero también es malcriar? Acaso tu biblia no te dice *'Porque el Señor disciplina a los que ama, al igual que un padre corrige a su hijo querido'*, Proverbios 3:12. O que tal ésta: *'El que detiene el castigo, odia a su hijo; mas el que lo ama madruga á disciplinarlo'*, Proverbios 13:24. Y esta: *'Corrige a tu hijo mientras aún haya esperanza; no te hagas cómplice de su perdición'*, Proverbios 19:18. Mira, esta está te va a encantar: *'Instruye al niño en el camino correcto, y aun en su vejez no lo abandonará'*, Proverbios 22:6. Mira, ésta te va a gustar: *'La necedad es propia del corazón juvenil, pero la vara de la disciplina es lo que la corrige'*, Proverbios 22:15. Ésta está muy bien: *'No escatimes la disciplina del niño. Aunque lo castigues con la vara, no morirá; pero con la vara puedes rescatar a su alma del mismísimo Seól'*, Proverbios 23:13-14. Como veras, tu Dios será amor y perdón, pero no le teme a la vara en el trasero del niño cuando sea preciso. Así que no le malinterpretes. Eso de la indisciplina, de la permisividad, del consentimiento no es de Dios, sino de malas madre y peores padres."

☐ "¡Cómo te encanta tener la razón con ese ego tan grande que tienes! ¡Qué falta de humildad! ¡Qué arrogancia!"

☐ "¡Ahora resulta que tener la razón es cuestión de arrogancia! ¡Entonces para ser humilde hay que ser tan ignorante como las piedras! ¡Eso explica mucho!"

☐ "¿Qué, te aprendiste esos pasajes de memoria solamente para andar restregándole a la gente lo mal que crían a sus hijos?"

☐ "¡Qué va! Las maravillas de Google! ¡Haces una pesquisa de 'disciplina', 'hijos', 'Biblia' y te salen páginas con todo esto!

Mira, ésta está chula, me encanta para ti: *'El que ama la disciplina ama el conocimiento, el que odia la reprimenda es tonto'*, Proverbios 12:1. ¡Jajajajaja!"

⌑ "¿Sabes? ¡Como sigas insultándome te voy a colgar y no te voy a volver a llamar aunque me esté ahogando en mierda!"

⌑ "¿Lo prometes? Mira, ésta está genial: *'La mujer sabia edifica su casa; la necia, con sus manos la destruye'*, Proverbios 14:1."

⌑ "¡Vete a...! Pero no te voy a dejar salirte con la tuya. ¿Dime, qué vamos a hacer con mi hijo?"

⌑ "Para empezar, no vamos a hacer nada."

⌑ "¿Cómo que no vamos a hacer nada?"

⌑ "Pues eso, 'nada'."

⌑ "¿Qué quieres decir con 'nada'?"

⌑ "Pues la misma palabra lo dice, 'na-da'. En otros idiomas te lo digo: *'niente'*, *'nula'*, *'nihilo'*, *'nada'*, *'nothing'*. Tu hijo pues no tiene remedio. ¿Sabes por qué? Porque tú no tienes remedio y sois parte de un sistema integrado. Mira. Los varones aquí nacen para ser malcriados por sus madres, consentidos sin idea alguna de lo que es ser un hombre porque aunque lo vieran en pintura no lo reconocerían. ¿A ver, cómo te lo explico?"

⌑ "Con manzanitas."

⌑ "Vale, mira, es un ciclo vicioso. Nace el chaval, es malcriado, por madre y padre, bueno, más bien por la madre porque el padre brilla por su ausencia como figura paterna. Nace, pero nunca sale de la matriz de la madre, nunca aprende a ser independiente sino co-dependiente, la madre le hace de comer, le lava la ropa, le hace la cama, le limpia el cuarto, le protege, le justifica, le apapacha, le mima, etc., y no me refiero solamente a cuando es bebé, sino mientras que le tenga a mano. El chaval nunca aprende a valerse por sí mismo, y no me refiero a trabajar y ganar un salario, me refiero a valerse por su cuenta *fuera* del trabajo – a comprar, a cocinar, a organizarse la ropa, a limpiar su propia casa, a tener disciplina y sobre todo a saber estar solo. ¿Me sigues?"

¤ "Perfectamente. ¿Y? ¿Qué tiene?"

¤ "¿Que qué tiene? Pues que para salir de su casa necesita a una mujer que haga todo lo que hacía su madre. Se casa por necesitad no por libertad. Es una especie de convenio por fuerza, no por elección. Eso por una parte."

¤ "¿Y por la otra?"

¤ "¡Pues el sexo claro! ¡Si no fuera por el sexo la mayoría de los varones ni se irían de sus casas! ¿O acaso no es la costumbre quedarse en casa hasta casarse?"

¤ "Pues sí, pero es que nosotros no somos tan fríos como los americanos que ya a los 18 se van de sus casas."

¤ "No metas ni a Dios ni a los americanos en esto, ¿de acuerdo? El punto no es que se queden en casa hasta casarse, el punto es que en casa de sus madres no levantan ni un dedo por su cuenta. Luego de depender para todo de su madre, pasan a depender de sus esposas, pero ahora échale la dependencia al hábito sexual y verás lo patéticos que son."

¤ "Sí ya, pobrecitos los hombres. Víctimas de las mujeres que les sirven de pies y manos. Vale, Mr. Freud. ¿Y entonces por qué aunque se casen se van de pirujas y pedas? ¿Puedes explicarme eso?"

¤ "¡Jajajaja! ¿Y cuándo dejaron de hacerlo? Mira, se casan sí, y son el centro de atención de sus esposas – hasta que tengan hijos. ¿Y luego qué pasa? Pues el sexo se va al carajo y el servicio al cliente en picado, y como por una parte no están acostumbrados a cuidarse en absoluto, y por otra no pintan nada en la formación de los hijos, pues poco les ata a la familia salvo la obligación del sustento, pero buscan otra matriz para acogerles… y cuando la encuentran se largan. ¿No me vas a decir que no sucede así con bastante frecuencia?"

¤ "Hay muchos hombres que no se van y que son fieles."

¤ *Sonrisa sardónica.* "A veces no se van del todo, físicamente, pero emocionalmente y mentalmente, no están, o sea, están presentes pero ausentes. Cuando no salen con los 'amigos', claro. Esa es la mitad masculina del ciclo vicioso que domina tanto en la cultura."

¤ "¿Y la mitad femenina?"

¤ "Jajajaja! Esa ya te la sabes. ¿Qué te voy a decir?"

¤ "Con manzanitas."

¤ *Suspiro profundo…* "Vale, por enésima vez. La niña se cría en una casa donde la madre manda y trata a cualquier figura paterna, si es que la hay, como el crío que es. Se cría niña, quizás sabiendo llevar una casa, pero tan descontrolada y tan falta de auto-disciplina como los varones y creyendo que la forma de llevar una relación con un hombre es mediante el control – manipulación, chantaje emocional, chantaje sexual, etc. – total, que a la hora de casarse se junta con lo que conoce y con lo que está más cómoda: alguien como su propio padre o al menos alguien que encaja con la forma en la que se ha criado ella para tratar con los hombres: el ciclo se repite. Si por casualidad se encontrara con un hombre de verdad no sabría cómo llevarse con él y arruinaría la relación porque no sabe ser interdependiente, sino ser disfuncionalmente co-dependiente. Está acostumbrada a ser una princesa, o sea, una niña malcriada, berrinchuda, antojadiza. ¿Qué hombre va a aguantar eso sino por la desesperación de necesitar quien le cuide – le haga de comer, lave la ropa, organice los calcetines, etc.? Ninguno. Total, que se condena, igual que su madre – igual que tú – a casarse, o al menos a tener hijos, con un hombre que luego la va a abandonar para vivir el resto de sus días como madre soltera emocionalmente parasitando de sus hijos. Amargada con el género masculino, no hace más que entrar y salir de relaciones, casi siempre igual de disfuncionales y que invariablemente arruina con sus traumas y complejos anteriores. Así se propagan los mismos patrones en la siguiente generación. ¿Así o más claro?"

¤ "Ya, ya, ya, ya. Pareces un disco rayado con eso. ¿Y qué hacemos con mi hijo?"

¤ *Suspiro profundísimo…* "A ver si me puedo imaginar lo que pasa. Enrique tiene una novia y quiere mudarse a vivir con ella, ¿verdad?"

¤ "¡Pues sí! ¡Y le va a arruinar la vida! ¡Lo primero que va a hacer es quedarse embarazada para atraparle en matrimonio! ¡Es una persona horrible! ¡Superficial! ¡Vanidosa! ¡No le ama, solamente está buscando quién le dé una buena vida!"

¤ "¡Jajajajaja! ¡Eso sí que es la liebre llamando al conejo orejudo!"

- ¤ "¡Grosero! Sabes perfectamente que desde que murió Eduardo no he dejado de trabajar. Nunca he buscado a un hombre que me mantenga."

- ¤ "No, pero eres bien superficial. ¿Qué abundan más en tu casa, libros o zapatos? ¡JAJAJAJA!"

- ¤ "¡Vete a…! Me callo porque sé que tu plan es enfurecerme para ignorarme."

- ¤ "Calma, calma. Bájele. Mira, yo no soy el gatillero de nadie. Tú no quieres que yo tome a tu hijo como aprendiz mío – ni él mucho menos va a querer aprender ni de mí ni de nadie – tú lo que quieres es usarme a mí para arruinar la relación de tu hijo con su novia porque te conviene, ni más más, ni menos. Como te dije: no soy el gatillero de nadie. Tu hijo no precisa de un psicólogo, precisaba de un padre cuando era niño, alguien que le convirtiera en hombre – y una madre que lo permitiera. ¿Qué esperas que haga yo con él a éstas alturas del campeonato?"

- ¤ "Espero que le hables. Solamente te pido eso."

- ¤ "¿Qué le hable? Marta, pero si tú serías la primera en interferir con los resultados – si es que los hubiera – y lo harías para tu propia conveniencia, y lo sabes. Tú no quieres que tu hijo sea un hombre de verdad, fuerte, independiente, lo que quieres es mantener tú misma la sartén por el mango."

- ¤ "¡No es cierto! ¡Ya me estoy dando cuenta de la mala madre que fui! ¡Tienes que ayudarnos! ¡Tienes que ayudar a mi pobre Quico!" *Llanto...* "¡Solamente es un niño y no sabe en lo que se está metiendo! ¡Prometo hacer lo que me digas!"

⌑ "¡Uf! Sécate las lágrimas, que no te lo crees ni tú. Lo voy a hacer, pero te voy a demostrar que tengo razón, vas a interferir en cuanto más te convenga."

⌑ "¡Eres un hombre frío, cruel, despiadado! ¡Y pensar que alguna vez vi algo en ti! ¡Pensar que me interesé en ti!"

⌑ "¡Jajajaja! Eso tampoco va a funcionar. Mira, para comenzar. Te voy a mandar un contrato. Lo vas a firmar y lo dejas con la secretaria en mi consultorio."

⌑ "¿Qué tipo de contrato?"

⌑ "El tipo de contrato que va a decir que prometes no interferir de ninguna manera, jamás, en absoluto, con mi trabajo con Enrique. ¡Enrique! ¿Cómo rayos quieres que sea un hombre si le hablas como una mascota? ¡Nada de Quico! ¡Enrique!"

⌑ "¡Pero si es mi bebé! ¡Tú eres hombre y no entiendes de esas cosas!"

⌑ "¡Uf! ¡No me puedo creer que esté accediendo a esto! En fin. Solamente me comprometo a hablar con él, una vez. Y te voy a cobrar la consulta."

⌑ "¿Cómo? ¿Ni descuento?"

⌑ "Cero descuentos. Y te aviso que han subido mis tarifas. Así que tendrás que comprarte un par de zapatos menos a la semana para pagarlo."

⌑ "¡Pues que lo pague él! ¡Para eso tiene sueldo propio!"

⌑ "¡Me parece excelente! El contrato lo…"

⌑ "No me gusta eso del contrato."

⌑ "El acuerdo entonces estará en mi consultorio con mi secretaria."

⌑ "Esa es la que te entretiene estos días, ¿verdad?"

¤ "Ves ahí, lo firmas. Ella te dirá cuánto cuestan las consultas que en tu caso tendrás que pagar por adelantado."

¤ "¿No te fías de mí?"

¤ "No es que no me fíe, es que te conozco. Por adelantado y una sola consulta. Si hay química ya veremos. Ahora voy a colgar."

¤ "¿No estás viendo a nadie?"

¤ "Adiós Marta."

¤ "Oye, ¿pero nunca piensas en nosotros?"

¤ *Clic.*

¤ "¡Desgraciado!" *Clic.*

CAPÍTULO 1

El San Benito

Una campanita llama la atención del usuario a que revise un nuevo mensaje de *gchat*:

> ➤ *Don Juan, ya ha llegado su cita de las 10:30. ¿Qué hago? ¿Le hago pasar o esperar?*
> ➤ *¿Quién es?*
> ➤ *El hijo de la Señora Marta. Le cité para hoy porque tenía algo de tiempo libre y pensé que quizás querría tomarse más tiempo con él... ¿Hice bien?*
> ➤ *¿Su madre ya pagó todo lo acordado?*
> ➤ *Solamente la mitad.*
> ➤ *Jajajaja. Bueno. Algo es algo.*
> ➤ *¿Y firmó lo que tuvo que firmar?*
> ➤ *Sí Don Juan.*
> ➤ *¿Le sacaste copias como te pedí?*
> ➤ *Sí, claro.*
> ➤ *Gracias. Hazle pasar.*
> ...

La escena se desenvolvía en la amplia sala privada de Don Juan, en la única habitación del consultorio totalmente desprovista de ventanas al exterior y que dependía completamente de la luz eléctrica para su iluminación, de tal forma que era ideal para todo tipo de actividad que se beneficiaba de la oscuridad total a cualquier hora del día, como por ejemplo las meditaciones, la terapia de hipnosis, o las visualizaciones guiadas. Además de servir de su consultorio privado era también su biblioteca personal, las cuatro paredes estando recubiertas desde el suelo hasta el techo de libros meticulosamente organizados por temas y hospedados en libreros de caoba tiznados de negro y construidos a medida. Todas las materias imaginables concernientes a la naturaleza humana estaban ahí representados: psicopatología y psiquiatría; religiones y mitologías del mundo; psicología social y forense; neurociencias y ciencias cognitivas; hipnosis y meditación; antropología y primatología; sociedades secretas, chamanismo y brujería; etc., etc., etc. Era según él su *sanctasanctórum*, su "santuario santo", donde invertía las horas vivas o en meditación intelectual, discerniendo los secretos de la mente y de la conducta humana, o aplicando su conocimiento adquirido durante innumerables horas tanto de estudio teórico como de práctica experimental, adentrándose en, y rectificando las mentes y las conductas de sus pacientes, alumnos, discípulos y consultas. Aún no había decidido en qué categoría – si es que alguna – iba a encajar el joven confundido y algo perverso que tenía por delante. Todo dependía de la verdadera disposición del presente a ser guiado – disposición que encontraría la forma de poner a prueba.

¤ "¿De verdad eres tan simple o te esfuerzas?", preguntó la figura sentada detrás de un amplio y despejado escritorio que hacía juego con los libreros y que de repente había decidido cambiar el rumbo y tono de la entrevista.

¤ "No señor, es que en cuanto a las mujeres siempre he sido manipulado", respondió el joven, apropiadamente intimidado por la figura que tenía por delante, y con buen motivo. Aunque pasados los días de la gloria atlética de su juventud, Don Juan seguía siendo un personaje imponente y no solamente por su

36

constitución, sino sobre todo por su porte marcial y por su mirada implacable y penetrante que desnudaba mentes e intenciones como un rayos-X del espíritu. Se decía que leía mentes, y cuando le preguntaban que si era cierto, siempre respondía, ahora ya con sonrisa pícara y ojos burlones, "mentes, pero no pensamientos."

⌘ "¿Y has venido aquí porque te mandó tu madre o por tu propia cuenta?"

⌘ "Creo que un poco por las dos cosas. Mi madre me dijo que Usted se encargaría de despabilarme con respecto a las mujeres."

⌘ "¿Despabilarte? ¿Con respecto a las mujeres? ¿Eso te dijo?"

⌘ "Sí."

⌘ "¿Eso mismo?"

⌘ "Eso mismo."

De pronto la veterana figura frunció profundamente el entrecejo; músculos en torno a sus globos oculares y párpados se contrajeron hasta formar estrechas rendijas desde las cuales su mirada taladraba profundamente en el rostro del joven. Enrique rehusaba sostenerle la mirada, descendiendo la vista hacia un punto indeterminado en el suelo. El silencio se prolongó y en un par de ocasiones Don Juan resistió la leve tentación de aleccionar o interrogar al joven favoreciendo mejor la táctica de permitir que la presión del silencio hiciera su propia labor. En su vasta experiencia Don Juan había aprendido que en conversación, pocas personas occidentales resistían el impulso de llenar los imperiosos espacios vacantes y enmudecidos de una pausa, optando por rápidamente rellenar el aterrador incógnito del silencio con el vacío parloteo de sus propias palabras. El silencio y la oscuridad, sabía Don Juan, esa misma ausencia de estímulo audiovisual que era el refugio indispensable para aquel que buscaba la compenetración propia y el conocimiento y dominio de sí mismo, a su vez infundían el pánico en la mente indisciplinada. El silencio y la oscuridad, leales amigos del aventurero-depredador del infinito interior, eran a su vez los archienemigos de aquellos que temían sobre todo las siluetas espeluznantes de su propia sombra interna, aquellos miembros del rebaño humano que viven empotrados en el miedo y la ignorancia que define sus existencias. En estos mismos instantes esa misma silueta aterradora de la sombra interna le hostigaba tremendamente al joven presente.

- ¤ "¿Me va a enseñar esas cosas que Usted sabe sobre las mujeres?"
- ¤ "¿De qué cosas hablas?"
- ¤ "No sé. ¡Cosas! Si las supiera entonces no tendría que venir a Usted para que me las dijera, ¿no cree?", dijo el joven agregando una risita nerviosa que solicitaba sin lograrlo la simpatía de su interrogador. "¿No le parece lógico eso?"
- ¤ "Pues, sí, si lo pones así, hasta cierto punto parece lógico – pero solamente hasta cierto punto. No te estoy pidiendo que me digas lo que no sabes sino que me digas sobre lo que quieres saber."
- ¤ "¿Qué quiere decirme con eso?" La incomodidad de sentirse incómodo, de tener que reconocer que estaba desprovisto de

control empezaba a filtrarse en el tono del joven. Tal detalle no se le escapaba a Don Juan.

¤ "Pues, que cuando vas a la tienda tienes que reconocer las cosas que quieres comprar antes de ponerlas en el carrito, ¿verdad?"

¤ "Pues sí. Eso sí que es cierto", respondió el muchacho.

¤ "Entonces, imagínate que esto es una tienda de conocimiento, ¿qué es lo que querrías saber?"

¤ "Pues, ya se lo he dicho, quiero saber cómo controlar a las mujeres. Mentalmente, quiero decir."

¤ "¿Pero para qué? ¿Para qué propósito? Sé específico."

¤ "¿Idealmente?"

¤ "Idealmente."

¤ "¿La neta?"

¤ "La mera."

¤ "¡Para que hagan lo que yo quiera en vez de hacerme a mí hacer lo que ellas siempre quieren!"

¤ "Jajajaja. ¿Cómo qué cosa? ¿Lavarte la ropa? ¿Hacerte unos huevos revueltos con jamón? ¿Darte un masaje en los pies? ¿Qué cosa?"

¤ "Disculpe Don Juan, pero creo que el que se está haciendo el simple es Usted", comentó el joven, frustrado por el tono burlesco del hombre mayor, provocando una leve sonrisa.

¤ "Es que parece que tienes miedo de decirme las cosas claras. ¡Si ni siquiera te atreves a expresar en viva voz lo que quieres, no sé cómo esperas conseguirlo!", respondió Don Juan.

¤ "¡Pues quiero de las mujeres lo que todos los hombres quisieran obtener! Todo hombre que no fuera gay, claro."

¤ "¿Y eso es?"

¤ "¡Pues cogerse a cualquier mujer al que le echaran el ojo! ¡Qué va a ser!"

¤ "¡Vaya! ¡Por fin! ¡Hasta que te atreviste a decirlo!"

¤ "¡Eso ni hace falta decirlo de los hombres! ¿O no me diga que Usted nunca ha deseado tener ese poder sobre las mujeres? No, claro, quizás Usted no, por algo mi madre dice que es Usted un brujo."

¤ "¡Jajajajaja!"

¤ "¡No se ría! ¡Esto es serio!" Y para el joven desde luego que lo era. La testosterona detrás de esa explosión emocional delataba la intensa y profunda frustración de su sombra viviente. Había algo muy, muy feo por dentro de ese muchacho. ¿Merecía la pena tener que experimentarlo, tener que lidiar con ello, solamente por la posibilidad remota de remediarlo? Don Juan sabía demasiado bien que esa sombra interior era con frecuencia implacable; sabía demasiado bien que en el interior del ser humano, en los vastos espacios de su cosmos particular, la perversión de esa sombra dominaba con régimen dictatorial, totalitario, mientras que la luz del raciocinio era con frecuencia demasiado débil y remota para lograr separar, en la frialdad de esa oscuridad sempiterna espíritu, los días de las noches.

¤ "¡Jajaja! Ya sé que es en serio, por eso mismo me río. Mira, para empezar nadie, absolutamente nadie… mejor déjalo. ¿Te sabes el mito de la diosa Eos y de Titono?"

¤ "No."

¤ "¿Nunca has oído ese mito?"

- ¤ "Para nada."
- ¤ "¿Estás seguro?"
- ¤ "Segurísimo."
- ¤ "Creo que sí lo has oído pero no te acuerdas de los nombres."
- ¤ "Don Juan, ¿me lo va a contar de una vez o se va a tirar la mañana hablándome de lo que me va a hablar sin decirme nada?", saltó el joven, su visible impaciencia era evidencia clara de su estado de desequilibrio emocional – y una mente desequilibrada era una mente vulnerable a la penetración del oponente.
- ¤ "¡Jajaja! Está bien. Mira Eos era una diosa…"
- ¤ "Pero eso Don Juan es mitología."
- ¤ "¿Y qué tiene?"
- ¤ "Pues que no es histórico, no es de verdad, y si no era verdad, ¿de qué me va a servir lo que me cuenta?"
- ¤ "Tiene valor metafórico."
- ¤ "¿'Metafórico'?"
- ¤ "¿De verdad te graduaste de ingeniería?"
- ¤ "Sé lo que significa 'metafórico', más o menos, pero no exactamente. Además, la ingeniería es física y matemática aplicada, nada de mitología", agregó, algo irritado por la repetida referencia a su ignorancia.
- ¤ "Una metáfora es cuando se expresa una idea concreta en términos de otra, imaginaria, para llegar a comprender a la primera mejor por analogía o por semejanza a la segunda."
- ¤ "Ah, OK, siga entonces. Es más o menos lo que me imaginaba." No había comprendido nada pero no quería darle el gusto al viejo de demostrar su ignorancia. De lo que no se daba cuenta

era que no solamente era su ignorancia lo que demostraba al 'viejo' con esa actitud.

⌘ "Pues Eos, una diosa, se enamora de un mortal llamado Titono, y le pide a Zeus, al padre de los dioses del Olimpo, que le conceda la inmortalidad. Zeus le dice que está bien, pero que se dé cuenta de que se le acabaron los deseos y después le concede a Eos lo que le pide: Titono no morirá."

⌘ "¡Ah! ¡Sí! ¡Ya me acuerdo! Pero se le olvidó pedirle eterna juventud y sigue envejeciendo y envejeciendo. ¿No es esa?"

⌘ "¿Ves como sí la conocías?", le dijo Don Juan apuntándole brevemente con el dedo índice de la mano derecha.

⌘ "¿Y cómo termina?", pregunta el joven, atrapado por su curiosidad.

⌘ "Pues en una versión", respondió Don Juan, reclinándose lentamente en su sillón y pausando un momento para frotarse levemente su barba de candado mientras que continuaba con su cuidadoso escrutinio del lenguaje corporal del joven, "Titono siguió envejeciendo, arrugándose día a día, y poco a poco encogiendo hasta convertirse en grillo. Por las madrugada la diosa Eos llora por él, y eso forma el rocío, y el *cri cri cri* de los grillos en realidad es Titono que dice '*mori mori mori*' que en Latín significa 'morir, morir, morir' que es lo que Titono está pidiendo hacer."

⌘ "O sea, que la gente a veces pide lo que quiere pero luego no quiere lo que pide."

⌘ "¡Vaya! ¡Inteligencia después de todo! Sí, algo así."

⌘ "Ja, ja, ja. Muy gracioso. Pero no le veo yo ni la aplicación, ni el valor metafórico", respondió el joven.

⌘ "¿No te podrías imaginar que fuera problemático que toda mujer con la que te encontraras se sintiera incontrolablemente atraída a ti, tanto que ni siquiera pudiera lograr controlar sus más apasionados y bajos impulsos sexuales?", preguntó Don Juan, deliberadamente enriqueciendo el cebo para ver si su presa caía en la trampa.

⌘ "Tal y como Usted lo acaba de proponer, la verdad es que no. ¡Para nada! ¡Eso suena como el paraíso en la vida! Y no me diga que Usted nunca ha tenido ese deseo porque todos los hombres que no sean gay desearían poder cogerse a cualquier mujer que quisieran."

⌘ "Para responder a tu pregunta, por partes: Uno, sí, pero a mis doce años, pero en seguida le vi la problemática; dos, no es lo mismo conseguir la mujer que uno desee a que todas la mujeres, deseables o no, se le echen encima; tres, tiene que haber algo más importante en la vida de un hombre que solamente ligarse mujeres – ¡aun sin ser gay!"

⌘ "¿A los doce años? ¿De qué problemática me habla?"

⌘ "Era precoz. Pero enfoca. ¿Te gustaría que todas las mujeres que se te cruzaran por el camino te tiraran la tanga?"

⌘ "¿Y por qué no?"

⌘ "Creo que necesitas un psiquiatra muchacho."

⌘ "¡Jajajajaja! ¡Ahora sí que me ha hecho reír!"

⌘ "¿Todas?"

⌘ "¡Todas!"

⌘ "Vaya, pues eso incluye a tu madre, a tus hermanas, a tu abuela, a las abuelas de tus novias…"

¤ "¡Qué asco! ¡Pare! ¡Pare! ¡Pare!", insistió el muchacho, su cara contorsionada en una intensa mueca combinada de horror y repugnancia. "¡Ya entendí! ¡Bueno, no a todas las mujeres!"

¤ "No, pero la regaste ya. Ya no puedes estar tranquilo sin que toda viejecita desdentada te quiera babear encima y menearte el esqueleto. ¿Ves? La 'problemática'?"

¤ "¡Ya Don Juan! ¡Por favor, pare! Jajajaja. Ya comprendí. ¡Inmortal, pero no eternamente joven! ¿Bueno, pero me va a enseñar al menos a poder ligarme las que le ponga el ojo? ¿Algunos tips, al menos?"

¤ "Pero chaval, ¿cuál es tu trauma con las mujeres que andas tan desesperado?", preguntó Don Juan, sintiendo que el terreno ya estaba ablandecido lo suficiente como empezar a escarbar.

¤ "Es que siempre me hacen pendejo, Don Juan. Usted no entiende porque Usted como que no se deja mover por nadie ni por nada, o consigue lo que quiere o las manda al carajo..."

¤ "¿Y esa conclusión la sacas de...?"

¤ "Pues de su reputación."

¤ "¿Mi reputación? Hmm..."

¤ "¡No se haga Don Juan! Lo sabe muy bien."

¤ "Bueno, mira, no estamos aquí para hablar de mí, sino de ti. "

¤ "Ni de Usted, ni de mí menos, sino de mujeres. ¡Mujeres!"

¤ "¿A eso has venido?"

¤ "A eso mismo."

¤ "¿A eso nada más?"

¤ "A eso nomás. No me interesa la verdad, y sin ofender, nada más de lo que Usted enseña en sus programas o seminarios o clases de artes marciales. Solamente me interesa aprender cómo ligarme a las mujeres y doblegarlas a mi voluntad."

¤ "¿Qué te dijo tu madre para que accedieras a venir aquí?"

¤ "Pues que Usted me enseñaría a manejarme mejor para que las mujeres no me manipularan tanto. ¡Ah! Y que me ayudaría a elevar mi autoestima. ¡Eso! Mi madre cree que ando depre y que busco la felicidad en las mujeres."

¤ "¿Eso dice?"

¤ "Sí, eso dice, pero sé que quiere algo más. Quiere que Usted me terapee yo creo." '¿Terapee?', pensó Don Juan, '¿Desde cuándo se inventó el verbo 'terapear'?'

¤ "¿Entonces no crees que tu madre está siendo insincera contigo? ¿Qué obra bajo falsas pretextos?"

¤ "A medias."

¤ "Una verdad a medias, ¿qué es?"

¤ "Pues el mejor tipo de mentira. O el peor. Depende. Es 'mejor' en que se cree más en ella, o sea, que funciona mejor, pero es 'peor' en que, pues, engaña mejor a la gente."

¤ "¿Entonces sí crees que tu madre te trajo aquí bajo falsos pretextos?"

¤ "Totalmente. No soy totalmente ingenuo."

¤ "¿Entonces no confías en tu madre?"

¤ "Para algunas cosas sí, para otras no. Depende de si me conviene o no."

¤ "¿De si te conviene o no? ¡Y dices que ella es manipuladora!"

¤ "Quién no tranza no avanza. Era un dicho favorito de mi apá", dijo el muchacho con tanto orgullo y regocijo en la expresión que Don Juan supo intuitivamente que por esa grieta había que penetrar.

⌖ "Se ve que querías mucho a tu padre."

⌖ "Mucho. Era mi mejor amigo. Siempre me llevaba con él a los bares y a los clubes. Sabía vivir la buena vida. Trabajaba duro pero también sabía festejar duro. Dejábamos a las novias en casita y nos íbamos los dos a los clubes y no salíamos de ahí hasta la madrugada. ¡Jajaja! ¡Ahí nos reuníamos con sus amigos y algunas morritas y puro *party* toda la noche! Mi padre no era de esos que escatimaba. Gastaba cuanto traía y siempre ganaba más. ¡Mi apá ganaba a puños, me compraba todo lo que yo quería y más!"

⌖ "Muy generoso por su parte."

⌖ "¡Demasiado! Era un gran padre. ¡El mejor!"

⌖ "¿Entonces tu padre te llevaba de *party* con él? ¿Qué edad tenías?"

⌖ "Pues ya comenzando los dieciséis y hasta que murió en el accidente seis años después."

⌖ "¿A los dieciséis? "

⌖ "Sipi. Fue cuando me mandó mi mamá a vivir con él."

⌖ "¿Por qué te mandó tu madre a vivir con tu padre?" Don Juan conocía una versión de la historia, ahora tocaba conocer otra.

⌖ "Es que mi mamá ya no me controlaba. Me salía de noche a tomar con los amigos, manejaba borracho – o peor – y después de estrellar el tercer carro ya me mandó con mi apá."

⌖ "¿Y por qué no te controlaba tu madre?"

⌖ "¿Pues qué me iba a hacer? Jajaja. ¿Pegarme? Solamente cuando se enojaba mucho, mucho y luego le dolía a ella la mano una semana después. ¿Castigarme? Me zafaba de casa y ya."

¤ "¿Y el carro, por qué te lo llevabas? ¿Tu madre no te podía haber al menos quitado el carro? Pudiste haberte matado o haber matado a alguien."

¤ "Siempre me perdonaba. Le lloriqueaba un poco, le hacía el drama, le prometía que no iba a tomar esta vez, y como se sentía culpable porque mi apá nos había dejado, al final siempre cedía y me daba las llaves."

¤ "¿Por qué molestarte con la farsa? ¿Por qué no quitarle las llaves y largarte?"

¤ "Al principio lo hacía, pero luego las escondía demasiado bien y había que cambiar de táctica."

¤ "Entiendo", respondió Don Juan, que, habiendo sacado la información que buscaba, decidió cambiar de nuevo el rumbo de la indagación. "Pues mira, nada que merezca la pena en la vida se consigue por arte de magia, sin esfuerzo, sin dedicación. Tú mismo dijiste que tu padre trabajaba duro, ¿verdad?"

¤ "Pues hace poquito mi madre me llevó a que me hicieran una limpia, y eso es pura magia. ¿No es ese el punto de la magia, resultados sin esfuerzos? ¿O de las oraciones a los santos? Le pones una vela, le dejas una ofrenda, le dices sus palabritas, y ¡zas! O te lo concede o no, pero de trabajar nada. ¿No funciona así eso del *Secreto*? ¿Le pides al universo lo que quieres y se te concede?"

¤ "¿Una limpia?", preguntó Don Juan, decidiendo ignorar todas las demás sandeces y enfocar en esa que le parecía rendirle mejor fruto.

¤ "¿No sabe lo que es una limpia? Creí que Usted sabía sobre todo eso de la brujería", preguntó el joven, algo desconcertado.

¤ "Sé lo que es una limpia, solamente quería estar seguro de lo que te referías tú con eso. ¿De huevo?"

¤ "Ah! ¡Sí sabe! Sí, de huevo."

¤ "¿Con vaso de agua o de alcohol y cerillo?"

¤ "¿De alcohol y cerillo? ¿Está seguro que Usted no es un brujo Don Juan?"

¤ "¿Así que tu madre te llevó con una curandera o una bruja?"

¤ "A una curandera."

¤ "¿Y qué te dijo?"

¤ "¿Qué me dijo?"

¤ "Sí, ¿qué te dijo? ¿Cómo interpretó el agua, la yema, la limpia, vamos?"

¤ "Le dijo a mi mamá que me había hecho un trabajo de hechizo y por eso me iban mal las cosas en el amor, y que si no me la quitaba siempre sufriría infidelidades y mal de amores."

¤ "¿Y cuánta plata tuviste que dejar ahí para quitarte el maleficio?"

¤ "No sé, pero creo que mucha. Tuve que ir muchos días seguidos. Y hasta me vendió este San Benito que tengo que llevar siempre como protección y nos dijo que quedó bendecido por una vieja curandera Yaqui."

¤ "¿El San Benito lo llevas contigo ahora?"

- ¤ "¡Siempre!"
- ¤ "¿Lo puedo ver?"
- ¤ "Sí claro", respondió el joven, añadiendo, mientras que el talismán cambiaba de manos por encima del escritorio, "pero Don Juan, ¿no que Usted no creía en éstas cosas? ¿O ya empieza a creer?"
- ¤ "No joven, ni creo ni empiezo a creer", dijo Don Juan luciendo una sonrisa irónica, agregando: "Además, lo importante no es solamente lo que uno crea o no crea, sino lo que los demás creen. Los ninjas tienen un dicho: *'La mejor arma contra tu enemigo es su propia mente'*. En mi profesión hay que entender las creencias de los demás."
- ¤ "¿Y cuál es su profesión?"
- ¤ "Trasciende categorías."
- ¤ "¿No que era Usted psicólogo?"
- ¤ "¿Has ido alguna vez con un psicólogo?", preguntó Don Juan, precisamente porque ya sabía la respuesta.
- ¤ "Sí, por un tiempo. Es que mi madre me había llevado a un psicólogo y la verdad no me ayudó gran cosa."
- ¤ "¿Cuándo fue eso?"
- ¤ "Pues, dos veces. Una después de que muriera mi padre primero, y luego cuando Mercedes me dejó."
- ¤ "¿Mercedes?"
- ¤ "Sí, era mi novia. ¿No le ha contado todo esto mi madre?"
- ¤ "¿Vas al cine para ver tú mismo la película o te conformas con que te la cuenten?"
- ¤ "¿Qué me quiere decir con eso?"

⌳ "Responde a la pregunta. ¿Vas tú mismo al cine o mandas a tus amigos a que vayan por ti?"

⌳ "¡Ah! ¡Ya entendí! ¿Quiere que se lo cuente yo mismo? Ah, pues Mercedes era mi novia. Esto era como un año después de que muriera mi padre. Mi novia Mercedes vivía conmigo e iba a la universidad – que yo le pagaba, por cierto. Y un día volví a casa y me la encontré en cama con un amigo mío que iba a clase con ella."

⌳ "¿Y esa fue la segunda vez que fuiste al psicólogo?"

⌳ "Sí."

⌳ "¿El mismo?"

⌳ "No, otro."

⌳ "¿Te ayudaron?"

⌳ "Pues, la verdad la verdad, no mucho. Bueno, se sentía bien teniendo alguien con quien hablar de mis cosas, alguien que no me juzgara, pero después todo era siempre volver a lo mismo."

⌳ "¿Lo mismo?"

⌳ "Sí, a los mismos pensamientos oscuros."

⌳ "¿Has intentado suicidarte alguna vez?"

⌳ "No."

⌳ "Has pensado en ello."

⌳ "Sí."

⌳ "¿Formulaste un plan para lograrlo?"

⌳ "No. Solamente pensaba a veces que hubiera estado mejor muerto, es todo."

⌳ "¿Y ahora? ¿Piensas igual?"

⚮ "No, ahora no. Pero a veces si tengo trechos en los que me siento muy deprimido y no tengo ganas ni de levantarme de la cama."

⚮ "¿Y cuál es la diferencia entre entonces y ahora?"

⚮ "Ahora tengo a Mariángeles en mi vida. Ella es todo para mí."

⚮ "¿Todo?"

⚮ "Sí."

⚮ "¡¿Entonces, para qué rayos quieres ligarte a otras mujeres?!"

⚮ "Bueno no es todo-todo. Lo que quería decir es que es muy importante. ¿Además, todos los días con la misma vieja? Mi apá decía que la variedad es la sal y pimienta de la vida."

⚮ "¿En cuanto a comida o mujeres?"

⚮ "En cuanto a todo. Mi apá aunque tuviera novia se divertía."

⚮ "Pero no me decías que no te acostabas con, ¿cómo las llamaste...'pirujas'?"

⚮ "Jajaja. Pues... no pensé antes de responderle. No regularmente. Bueno, más bien me daba pena decirle la verdad. ¿Y qué tiene? ¿Usted nunca?"

⚮ "Y cuando vivías con Mercedes, también te ibas de mujerzuelas con tu padre."

⚮ "Pues sí. Ya se lo dije. Los mejores tiempos de mi vida."

⚮ "Y aparte de salir de *party*, ¿qué más te enseñó tu padre?"

⚮ "Pues el negocio. ¿Qué más me iba a enseñar?"

⚮ "Pues a comprender a la mujeres. A lo que vienes aquí a aprender, ¿no?"

⚮ "Mi padre no era mejor con las mujeres que yo. ¡Su novia era una harpía con un genio de la chingada!" *'Y sin embargo dejó a tu madre y a ti y a tus hermanas por ella'*, pensó Don Juan, sin molestarse en externar su pregunta. Ya sabía muy bien la respuesta.

- ☿ "¿Y entonces tú podías irte de juerga, pero Mercedes no?"
- ☿ "¡No es lo mismo! ¿Me va a decir Usted que es lo mismo?"
- ☿ "¿Y Mercedes sabía de tus 'aventuras' con tu padre?"
- ☿ "Creo que no. No lo sé. A lo mejor."
- ☿ "¿Y no se te ocurre que quizás ella se estuviera vengando de ti, acostándose con un amigo tuyo en tu propia cama a la hora que sabía que ibas a volver a casa?"
- ☿ "¿Será? ¿Será posible?", dijo el muchacho verdaderamente sorprendido.
- ☿ "Mucho es posible. No tengo ni idea, solamente te pregunto si se te ha había cruzado esa idea por la cabeza."
- ☿ "No. ¿Pero Usted cree que podría haber hecho eso adrede?"
- ☿ "Quizás no adrede, quizás de forma inconsciente. Si de verdad te interesa, pregúntaselo. Pero mientras volvamos a eso de que me dijiste que no te acostabas con chicas fáciles… ¿Cómo las llamaste?"
- ☿ "Putas, pirujas, rameras…"
- ☿ "Ya, ya. OK. ¿Entonces sí lo haces?"
- ☿ "¿El qué?"
- ☿ "Acostarte con mujeres que se acuestan contigo por dinero o por puro sexo, sin más ni más."
- ☿ "Pues sí. ¡No me va a venir Usted con que eso es pecado!"
- ☿ "No, para nada. El pecado no tiene nada que ver con nada."
- ☿ "Claro que no, Usted es ateo."
- ☿ "¿Eso te lo dijo tu madre?"
- ☿ "Pues sí. ¡Usted no parece guardarlo como secreto!"

¤ "No, secreto no es. Ni tampoco es pecado acostarse con mujeres por puro placer. Cada cual puede tirar su tiempo y su dinero como le plazca."

¤ "¿Pero no le parece bien?"

¤ "¿Depende con lo que quieres decir con 'bien'? Define 'bien'."

¤ "Apropiado vamos."

¤ "La verdad es que personalmente tengo mejores cosas que hacer con mi tiempo. Dejemos eso a un lado y dejemos a un lado los inherentes riesgos a la salud, que no es poca cosa dejar a un lado, pero bueno, de momento déjame preguntarte: ¿a dónde va un hombre que se deja dominar por los placeres?"

¤ "¿Me lo pregunta de verdad, o es una pregunta retórica?"

¤ "Te lo voy a poner de otra forma. ¿Acaso cuando ibas a esos clubes, solamente te entregabas al sexo, o al alcohol y hasta a las drogas?"

¤ "No le vaya a decir nada a mi madre, ¿de acuerdo? Tenemos confidencialidad, ¿verdad?"

¤ "No eres mi paciente, pero sí, de todos modos, no te preocupes por eso."

¤ "Pues sí, alcohol y drogas."

¤ "¿Qué tipo de drogas?"

¤ "Pues sobre todo mota, pero también cocaína. ¡Mucha cocaína! Jajajaja."

¤ "¿Ves lo que quiero decir?"

¤ "¿Qué cosa? No veo nada. Salvo a Usted y sus prejuicios."

¤ "Un hombre que se entrega al sexo como vicio, a cualquier vicio, no va a ser nada sino un vicioso, punto. No se va a poder controlar porque vive para sus placeres y esos nunca quedan saciados salvo por momentos."

¤ "¿Por eso Usted no toma ni se droga?"

¤ "Premio."

¤ "¿Entonces de dónde saca mi madre que Usted sabe de mujeres?"

¤ "¿Tú aprendiste mucho de las mujeres acostándote con prostitutas? – ¿pagadas o gratuitas?"

¤ "Pues no. ¡Obvio que no!"

¤ "Entonces."

¤ "Pues yo sí quiero saber de mujeres."

¤ "¿Para podértelas ligar sin tener que pagar por ellas?"

¤ "No todas fueron pagadas. Algunas, como Usted dice, fueron por puro placer mutuo."

¤ "Aja. ¿Y esas que se acostaban contigo por 'puro placer mutuo' dónde las encontrabas?"

¤ "Pues en los bares, claro."

¤ "¿Y no te costaron nada? ¿No tuviste que comprarles las bebidas, una cena, algo de droga, algún regalito, etc., etc.?"

¤ "Pues sí. Sí claro."

¤ "Entonces no fueron tanto 'por puro placer mutuo', ¿verdad? Sino que al final tuviste que pagar por el sexo."

¤ "¿No hay que siempre pagar por el sexo, de una forma o de otra?"

¤ "¡Vaya con el ingeniero! ¡Con lo que me sale!", respondió Don Juan con tono y expresión sarcástica.

¤ "¿No es así? Tengo un primo que tiene una novia preciosa. Linda chica. Pero siempre le tiene que dar todo lo que ella quiere o si no ella le hace la vida imposible. Es un antojo con patas esa mujer. No hace más que pedirle regalos… que si pulseras, que si bolsas, que si vestidos, que si zapatos, que si joyas, anillos, viajes… ¡No para de pedir esa mujer!"

- "¿Por eso le pagaste hasta la universidad a Mercedes?"

- "Yo creo. Y mire que tal me fue."

- "¿Y crees que la forma de conseguir amor o sexo, o las dos cosas, de las mujeres es en base de comprarles todo lo que quieren?"

- "¿Cómo si no? Si no les compras lo que quieres o si no haces lo que quieres te hacen la vida imposible. Por eso hay que ganar dinero y hay que consentirlas."

- "¿Hay que qué?"

- "Consentirlas. Hacerlas sentirse princesas, ¡reinas! Así nos dejan hacer luego lo que queremos. No me va a decir que eso no es la norma. Salvo Usted que de alguna manera parece conseguir lo que Usted quiere sin dar nada a cambio."

- "¿Quién te ha dicho que no doy 'nada' a cambio?", interrumpió Don Juan. "No te molestes, digamos que era retórica esa pregunta. ¿Y desde cuándo el amor es cuestión de compra-venta? ¡Ni que fuera un tianguis!"

- "¿Pues Usted me dirá lo que es una relación? La mujer acepta acostarse contigo, limpiarte la casa, lavarte la ropa, y todo lo demás, a cambio de mantenerla, de comprarle lo que quiere y hacerla sentir como toda una reina. ¿No es ese el convenio? ¿No se trata de eso?"

- "De ser así, ¿no te parece algo menos que ideal ese 'convenio'?"

¤ "La vida es menos que 'ideal'."

¤ "Lo interesante es que las mujeres no lo ven exactamente así."

¤ "¿Ah no? ¿Acaso Usted no cree que las mujeres no esperan que uno paga siempre por las salidas? Las llevas al cine, ¿quién paga? Las llevas a cenar, ¿quién paga? Las llevas a bailar, ¿quién paga? ¡Si no pagas no hay entrada amigo! Entrada a la panocha, digo. ¿No le veo yo la diferencia entre una puta y una 'decente'? Salvo que la puta me da lo que quiero a precio fijo y la otra me regatea, eso sí, claro. ¡Y no me cobra más porque esté de malas! ¿Quién es más decente entonces, la puta que te cobra o la disque decente que te cobra sin llamarlo por lo que es? Al menos la prostituta tiene precios fijos y no los cambia a su antojo. ¡Dígame que no es así!"

¤ "OK, te lo digo: 'No es así'. ¿Satisfecho?", respondió Don Juan, suprimiendo una sonrisa pícara.

¤ "¡Qué! ¿Pero cómo qué no? ¡Claro que es así! ¿Cómo se atreve a decirme que no?"

¤ "Pues solamente te dije lo que me pedías. Me dijiste que te dijera 'no es así', y yo te lo dije. Y ya", concluyó el veterano con una sonrisa burlona.

¤ "No, Don Juan. Hablo en serio. Usted sabe que las mujeres son unas extorsionistas."

¤ "¿Todas las mujeres?"

¤ "¡Muchas!"

¤ "Pero hay muchas que dirían también que los hombres no tienen nada más que ofrecer que dinero y comodidades materiales. ¿Cómo respondes tú a eso?"

¤ "¿Eso dicen?"

- ¤ "Pues sí. Y la verdad, ¿aparte de dinero, qué tienes tú que ofrecer en una relación? ¿Tu encanto? ¿Buena disposición? ¿Conversación interesante? ¿Cultura y refinamiento? ¿Empatía? ¡Jajajaja!"

- ¤ "¡¿Y ellas qué?!", respondió el joven, enfurecido. "¡Tetas y culo! ¡Y panocha, claro! ¿O se cree Usted que son unas intelectuales leídas y refinadas? Se educan viendo sus telenovelas, leyendo sus revistas de modas, y pendientes de los chismes de los artistas y cantantes. ¡De ahí no las sacas!"

- ¤ "Pues tal para cual entonces. Vosotros ofrecéis dinero y bienes materiales, ellas sexo y trabajo doméstico, y ambos os quejáis de los superficiales que sois el uno y la otra."

- ¤ "Bien, pero yo ya quiero saber lo que me va a enseñar. Mi madre ya dijo que Usted le hizo pagar de antemano así que me debe una lección."

- ¤ "¿Una lección?"

- ¤ "¡Una lección!"

- ¤ "Vaya. El caballero insiste en una lección. Así que una lección tendrá. Pero todo cuesta en esta vida, Enrique. ¿Estás seguro que estás dispuesto a pagar el precio por este conocimiento?"

- ¤ "¿No está incluido en el precio de la consulta?", inquirió el joven, sinceramente desconcertado por el tono y la pregunta de Don Juan.

- ¤ "Una cosa es el dinero, pero el dinero no lo compra todo. ¿Hasta qué punto estás dispuesto a ir para recibir el poder que tú quieres sobre las mujeres? Esto no es para mocosos medrosos, solo para hombres decididos. ¿Estás seguro de lo que me pides? No hay vuelta atrás. Hay portales que una vez que se abren solamente se cierran con uno por dentro y ya para siempre."

¤ "¿Para siempre?", preguntó Enrique, sus ojos abiertos como platos, sus manos sudando tanto de anticipación como de puro miedo.

¤ "Ya decía mi madre que Usted sabía de hipnosis y de chamanismo y de esas artes negras… ¡Por eso sabía de las limpias! ¡Es Usted un verdadero brujo! ¡No le quise creer a mi madre, peor ahora sé que es verdad! ¿Qué está haciendo? ¿Qué son esas velas negras Don Juan? ¿Por qué las enciende? ¿Por qué son tres? Don Juan. ¡Diga algo! ¡Da miedo todo esto! ¿Por qué apagas las luces?"

¤ "¡Silencio!", rugió la figura ya alzada y desplazándose por detrás del escritorio rumbo al muchacho. "¡Silencio! ¡Haz lo que te digo y repite lo que te digo!"

¤ "Sí señor", respondió una voz aterrada, casi llorando de puro espanto.

¤ "Toma estas velas y ponlas en el suelo en figura de triángulo con sumo cuidado. ¡Morirán tres seres queridos por cada una que se te apague antes de terminar la ceremonia!"

¤ "¿La… la… la ceremonia?"

¤ "¡Calla y cumple!", rugió el veterano.

¤ "¡Sí, Don Juan!", respondió de inmediato el muchacho, prácticamente brincando de la silla y disponiendo las tres velas en el piso, en forma de triángulo, con tanto cuidado como si estuviera manejando dinamita. "¿Y luego?", preguntó gimiendo, totalmente aterrado.

¤ "Ahora ponte de pie justo en el centro del triángulo."

- ☿ "Sí Don Juan."
- ☿ "Toma esto con ambas manos y no lo abras hasta que yo te diga", y con ello le entregó en las manos un libro de mediano tamaño envuelto en una funda de terciopelo negra.
- ☿ "¿Estás listo para proseguir?"
- ☿ "Sí, claro, Don Juan, estoy listo", respondió el muchacho apenas murmurando.
- ☿ "Con los ojos cerrados saca el libro cuidadosamente de la bolsa." Y con eso y con mucho cuidado las manos temblorosas del joven sacaron un volumen negro con letras y rasgos rojos grabados en la portada.
- ☿ "Ahora abre los ojos y lee lo que dice en la portada."
- ☿ "Biblia… Santa… no… Sa…tánica. ¿Satánica? ¡La Biblia Satánica! ¡¡¡¡AHHHH!!!!" Y con ese grito despavorido de quien cree que le persigue el mismo diablo, Enrique voló por la puerta, tropezándose dos veces con la misma hasta lograr su escape.

Detrás de él una igualmente espantada secretaria irrumpiría en el consultorio, encontrando a su jefe que apenas podía mantenerse en pie de la risa, mucho menos comentar sobre lo sucedido. No hacía falta.

- ☿ "¡Ay Don Juan! ¿Otra vez con lo de la Biblia Satánica? ¡Don Juan, le juro que a veces es Usted peor que un niño! ¡Me va a matar de un susto uno de estos días! ¡La próxima vez me avisa! ¡Por favor! ¡Mire que si hubiera tenido a más gente en la sala! ¡Nos quedamos sin clientela! Jajajaja. Pero Don Juan. ¡Tranquilícese, por favor! ¡Jajajaja! Le hablo en serio. ¡Jajajaja! ¡Le va a dar un infarto si sigue riéndose así!" Pero viendo a su jefe contorsionándose de la risa, le era imposible mantener su postura de profesional indignada y no le quedó otro remedio que unirse en el jolgorio. Lo único que Don Juan logró responder fue, mostrando lo que traía en la mano:

⌗ "¡Se... se... se le olvidó el San Benito! ¡JAJAJAJAJAJAJA!"

CAPÍTULO 2

Dama en la Calle ...

Encendiendo de nuevo las luces de su estudio, Don Juan se dedicó con sumo interés a observar los detalles del medallón. Como todo aquel inmerso en una cultura de tradición religiosa católica, Don Juan era familiar con la idea, *grosso modo*, de la medalla de San Benito pero nunca había tenido ocasión de tener una en sus manos para estudiar minuciosamente. Poniéndose los lentes de aumento se sorprendió por el detalle de las inscripciones en el frente y dorso, todas en latín y algunas en forma de siglas las cuales no lograba discernir el significado. ¡Un misterio! Decidió preguntar a Maribel, su secretaria, para ver qué es lo que ella sabía, no tanto por conseguir respuestas a sus preguntas – para eso estaba Wikipedia – sino para poner un poco a prueba sus sospechas sobre la ignorancia general de los creyentes en cuanto a los detalles de su propia creencia religiosa.

➢ *Maribel.*

➢ *Mandé.*

➢ *¿Qué sabes tú del medallón de San Benito?*

➢ *¿Cómo?*

➢ *Sí, ¿qué sabes? - ¡y no busques en Google! – solamente necesito saber qué es lo que sabes tú personalmente.*

➢ *Pues solamente que sirve para espantar al demonio y para ahuyentar malos espíritus.*

➢ *¿Y conoces a alguien que supiera decirme así, de golpe, lo que significan todos los garabatos en el medallón?*

➢ *Solamente el sacerdote.*

➢ *¿Tú tienes uno?*

➢ *¿Un sacerdote? Sí, ¡en el armario escondido! Jajajaja.*

➤ *Graciosa. :P ¡No! ¿Un San Benito, un medallón de San Benito?*

➤ *En el rosario que me dieron para mi primera comunión. Casi todo el mundo tiene uno.*

➤ *¿Y no conoces a nadie que se halla preocupado de investigar lo que dice?*

➤ *¡Ay Don Juan, pero si ni se ven las letras casi! La gente no tiene tiempo para esas cosas.*

➤ *Pero sí que tienen tiempo para entrar a Youtube o Google y para subir idioteces a su Facebook. ¿Qué les cuesta tener un poco de curiosidad? ¿Tan tremendo inconveniente es darle a unas cuantas teclas para aprender sobre algo que es supuestamente importante para ellos?*

➤ *☹ Ya sabe cómo somos. ¿O acaso le sorprende?*

➤ *No, supongo que no. No me sorprende en absoluto. Me decepciona, pero no me sorprende. Está bien. Gracias.*

➤ *¿Y por qué le interesa tanto lo del San Benito?*

➤ *Lo único peor qué no saber, es que, pudiendo haber aprendido, quedarse en la ignorancia por pura flojera.*

➤ *¡Ay Don Juan! ¡Usted siempre con sus cosas! ¡Es Usted un INCORREGIBLE!*

➤ *Corrige esto: :P*

➤ *Jajajajaja. Le recuerdo que su próxima cita es en diez minutos y ya han llamado para confirmar que están en camino.*

➤ *¿Quiénes son?*

➤ *El matrimonio Hernández. Teresa y Felipe Hernández.*

➤ *Hmm... Vale gracias. Avísame cuando lleguen.*

"*¡Lo sabía!*", comentó Don Juan a sí mismo por lo bajo, externando su irritación con el convenio cultural que hace culto a la ignorancia; pero reflexionándolo un poco más, se dio cuenta de lo absurda que era su propia posición al respecto, concluyendo en su pensamiento: '*Las personas aceptan los dogmas de una fe religiosa precisamente para evitar la indagación. ¿Y tú esperas que indaguen? ¡Iluso!*' Y después de su pequeño soliloquio filosófico, y tras el 'tremendo inconveniente' de aplicarle unos pocos golpecitos al teclado, la pantalla de su computadora se llenó de información sobre la medalla de San Benito que le resultó fascinante. Para Don Juan, la religión nunca tuvo nada que ver ni con los 'dioses' ni con lo 'sagrado', sino con lo que los seres humanos convenían que eran los 'dioses' y lo 'sagrado' y su relación con los mismos. "*La religión*", enseñaba Don Juan a sus alumnos en su curso universitario titulado '*La psicología de las religiones del mundo*', "*no nos dice nada de los dioses, sino de los seres humanos mismos que los crean en su imaginación. No se puede comprender al ser humano, ni a una cultura de seres humanos, sin primero entender la relación con sus creencias religiosas. Si quieren ser buenos psicólogos, empiecen por estudiar las creencias y las supersticiones religiosas de sus pacientes — ¡y sáquense toda esa basura de las suya!*" Sus ideas no siempre eran bien recibidas entre sus alumnos, pero a él le daba igual. Para él lo importante era impartir un conocimiento científico, verificable, sobre el ser humano y su condición, para luego poder aplicar ese conocimiento para la mejora de sus pacientes, clientes, y alumnos.

De una página Web titulada *"Camino a lo Sagrado"* leyó con sumo interés lo siguiente: *"La medalla de San Benito, propagada en todo el mundo, es célebre por su eficacia extraordinaria en el combate contra el demonio y sus manifestaciones, en la defensa contra maleficios de todo género, contra enfermedades, especialmente las contagiosas..."* Más adelante en Wikipedia leyó: *"La medalla jubilar de San Benito es un sacramental reconocido por la Iglesia como poseedor de un gran poder de exorcismo. Fue instituido en memoria de San Benito. Como todo sacramental, los católicos no ponen su poder en la medalla misma, pues consideran que ese poder viene de Cristo, quien lo otorga a la Iglesia, y por la fervorosa disposición de quién usa la medalla..."*

Luego de leer las características generales, la historia, las aplicaciones, etc., de la medalla de San Benito, pasó a lo que más le interesaba: el significado de las siglas dispuestas en ambas fachas de la misma. Comenzó por la parte delantera, la 'cara' del medallón, donde lucía la figura de San Benito con una cruz en la mano derecha y un libro en la izquierda; pero conforme pasaba a leer el significado de las siglas en latín, descubrió casi por casualidad que el libro que San Benito traía en la mano no era la biblia como Don Juan había pensado originalmente, sino el libro de la 'Regla de San Benito', descubrimiento que le llevó a otra breve aventura del intelecto de nuevo a través de los espacios virtuales de Wikipedia:

La regla benedictina es una regla monástica que Benito de Nursia escribió a principios del siglo VI destinada a los monjes.

Cuando le destinaron al norte de Italia como abad de un grupo de monjes, éstos no aceptaron la Regla y además hubo entre ellos un conato de conspiración para envenenarle.

"*¡Claro!*", exclamó Don Juan por lo bajo con cierto desasosiego, para luego concluir en su pensamiento: '*¡Los italianos, como buenos latinos que son, antes de acatar una disciplina mejor asesinar al que la trata de imponer! ¡Increíble!*' Para agregar, con una expresión de obvia indignación en la cara, agregó en su mente: '*No, no es increíble sino que es muy creíble, conociéndonos, ¡demasiado creíble!*' Y después prosiguió con su lectura:

Benito se trasladó entonces al Montecassino, al noroeste de Nápoles, donde fundó el monasterio que sería conocido más tarde como Montecassino. Allí le siguieron algunos jóvenes, formando una comunidad que acató y siguió la Regla, conocida por las generaciones futuras como Regula Sancti Benedicti, de 73 capítulos, algunos añadidos y modificados después por sus seguidores. Esta regla benedictina fue acogida por la mayoría de los monasterios fundados durante la Edad Media.... Los discípulos de Benito se encargaron de difundir la Regla por toda Europa y durante siglos (hasta la adopción de la regla de San Agustín por los premostratenses en el siglo XII y los dominicos en el siglo XIII), fue la única ordenanza a seguir por los distintos monasterios que se fueron fundando.... Carlomagno en el siglo VIII encargó una copia e invitó a seguir esta regla a todos los monasterios de su imperio. Dio orden de que los monjes se aprendiesen de memoria todos los capítulos para estar siempre listos a recitar cualquiera de ellos cuando así se lo demandasen.

'Hmmm...', pensó Don Juan, '*los riesgos iniciales, y la tremenda importancia de detallar una serie de normas estrictas para la convivencia y la disciplina de una comunidad de seres humanos.*' De ahí se dispuso a leer el título de cada uno de los 73 capítulos que constituyen la obra, pero apenas había llegado a la mitad cuando sonó la alerta de gchat...

> ➤ *Don Juan, ya está aquí el matrimonio Hernández. ¿Se los hago pasar a su escritorio o al consultorio?*
> ➤ *Acompáñalos mejor al consultorio y que se acomoden en el sofá. Ahora voy para allá. ¡Gracias! ;)*
> ➤ *☺ ¡Don Juan! No se olvide de que esta noche tiene seminario.*
> ➤ *¿Seminario? ¿Seminario de qué?*
> ➤ *De su nuevo programa. ¿No se acuerda? "De Hombre a Hombres".*
> ➤ *¿Pero cuánta gente hay inscrita? Bueno, luego me lo dices... Acomoda a los Sres. Hernández y diles que ya me reúno con ellos.*

La entrada al consultorio de Don Juan se encontraba en el lado derecho de la recepción, en el opuesto al de su estudio privado. El consultorio era de hecho un cuarto bastante más pequeño que el de su estudio personal, pero mejor organizado para recibir pacientes, sobre todo para llevar a cabo terapias de pareja o grupales. El contenido era simple pero completo. Constaba de una mesa redonda en medio de la habitación y a su vez rodeada de seis sillas; al fondo del cuarto, a mano izquierda y pegado a la pared, se encontraba un amplio sofá color vino tinto y tapizado de cuero desgastado, y delante de éste, a metro y medio de distancia un pequeño sillón del mismo color donde Don Juan orquestaba las interacciones con sus pacientes durante sus intervenciones individuales, de pareja o de familia.

Cámaras ocultas y micrófonos escondidos en el consultorio proyectaban sus respectivas imágenes y sonidos directa y, exclusivamente, a la computadora del escritorio, lo cual le permitía a Don Juan observar la interacción de la pareja sin alterarla con su presencia. En las ciencias sociales el efecto del observador que altera con su mera presencia el fenómeno investigado es algo que siempre amenaza con interferir y corromper la naturaleza del fenómeno mismo. La solución consiste en observar sin ser observado, sin estar presente distorsionado la naturaleza de lo que se quiere observar, como logran hacer por ejemplo en los documentales sobre los animales salvajes que se llevan a cabo a través de una combinación de cámaras ocultas y miras telescópicas. En el presente caso era una tecnología que Don Juan había conocido, y empleado, en otra vida como oficial de inteligencia e interrogación. Nadie, ni siquiera Maribel su secretaria, sabía de la presencia de estas cámaras, las cuales consideraba indispensable para lograr su objetivo primario: entender a sus pacientes y clientes mejor que ellos mismos.

El primer paso consistía en observar la apariencia física de cada uno. El señor Hernández era un hombre de unos cuarenta y pocos años de edad, de mediana estatura, cabello muy cuidado, buen gusto en la vestimenta, y aunque se notaba que había sido atlético en su juventud, mostraba una cierta prominencia abdominal correspondiente a un hombre que disfruta demasiado de la bebida y de la comida y muy poco de ejercitarse físicamente. La señora Hernández era todo lo contrario; siendo aun de la misma edad que su marido era obvio que vivía en el gimnasio – entre visitas a su cirujano plástico claro: difícilmente una mujer de esa edad pudiera mantener esa cintura y ese busto desafiante a las leyes de la gravitación universal – sobre todo después de haber tenido hijos, que con casi absoluta certeza era lo más probable. La roca que traía en el dedo anular de la mano izquierda junto con la enorme cruz de oro con brillantes de diamantes, rubíes y esmeraldas incrustadas declaraban no solamente los ceros de la cuenta bancaria de su marido, sino también su fuerte afiliación religiosa. ¿Había algo familiar en ella? Al Señor Hernández estaba seguro de nunca haberle visto, pero su esposa le resultaba vagamente conocida… de hecho bastante conocida… Al principio fue difícil llegar a una conclusión con respecto a la Sra. Hernández ya que la mujer encajaba con un estereotipo de señoras de esa misma edad y clase socioeconómica cuyo mayor problema era cómo matar el aburrimiento gastando el dinero de sus maridos en ropa, zapatos, peluquería, manicuras, cirugías… o en esconder sus 'indiscreciones' de los mismos. ¡Cirugías! Aumentando la imagen sobre el rostro de la mujer y haciendo unos cálculos mentales finalmente Don Juan consiguió reconocerla.

> ➤ *Maribel, busca entre los archivos de unos cinco o seis años más atrás, un expediente de una tal Teresa, pero con otro apellido.*
> ➤ *¿Otro apellido?*
> ➤ *Sí, creo que vino aquí bajo su apellido de soltera.*
> ➤ *Si para cuando lo encuentres estoy en consulta con ellos no me lo lleves ahí. Déjamelo sobre el escritorio para revisarlo, gracias.*
> ➤ *¿Puede saberse por qué?*
> ➤ *Hay gato encerrado. La Sra. Hernández, si es quien pienso, nunca me dijo que estuviera casada. Mejor dicho, insistió estar separada de su marido. ¿Vale?*
> ➤ *De acuerdo Don Juan. ¡Ahorita se lo llevo!*
> ➤ *Gracias. Bye.*

Después de sentarse la pareja en el sofá, a la distancia correspondiente a dos extraños – o a dos conocidos resentidos – y nada más salir la secretaria del cuarto, comenzaron a discutir entre ellos:

> ⌑ "¡Estás pendeja si crees que este tipo nos va a poder ayudar!", decía el marido.
> ⌑ "¡Pues alguien tiene que hacerlo! Por favor Felipe, échale ganas, ¿no?"
> ⌑ "Yo le hecho todas las ganas que tú quieras, pero qué va a saber este tipo de sexo. ¡Ya sabes cómo son los *sabiondos*! ¡Medios jotos todos! ¿No has visto cuánto diploma tiene en la pared? ¿Qué tiempo ha podido tener para aprender de

mujeres? Eso no se aprende en los libros Tere, eso hay que vivirlo."

⌘ "¡Anda Felipe, no empieces! ¡Si ni le conoces y ya empiezas! ¡Se nos van a acabar todos los psicólogos de la ciudad a ese paso y no podemos seguir así! ¡No sé tú pero yo estoy harta! ¡O encontramos una solución o me voy con los niños a vivir con mi madre y te quedas tu solito con tus amigotes y pirujas! ¿Te enteras?"

⌘ "Te digo que hay cosas que se saben sin saberse. Seguro que no ha cogido una mujer en su vida. ¡Sí te lo digo yo! ¡Se meten con los libros porque es lo único que se levantan! ¡Jajajaja!"

⌘ "¡Jajaja!", se reía la mujer, pero no porque le hiciera gracia el chiste de su marido, sino imaginándose el chasco que se iba a llevar cuando conociera a Don Juan en persona. Ella si le había conocido, pero por sensatez femenina, es decir, conociendo los complejos, celos y recelos de su marido, había decidido mejor ocultar esa información. El único comentario de la señora Hernández fue: "Pues viene muy bien recomendado por varias amigas mías", añadiendo en su pensamiento, '¡Ojalá Don Juan no deje saber que me conoce! ¡Debería haberle avisado de antemano!'.

⌘ "¡Pues ni de profesional tiene! ¡Fíjate que impuntual es!"

⌘ "Felipe que ni es la hora todavía. Hemos llegado temprano."

⌘ "¡Por insistencia tuya!"

⌘ "¡Es que si te lo dejo a ti ni venimos!"

Era toda la información preliminar que precisaba Don Juan antes de entrar en la *'jaula de los leones'* – como él llamaba la terapia de parejas…

⌇ "Mira, Teresa, si no viene en los próximos dos minutos nos vamos y que le metan papas por el... ¿Doctor?", soltó el Señor Hernández totalmente desprevenido para recibir la imponente figura masculina que entraba por la puerta que de repente tenía por delante y que además amenazaba ahora con quebrantarle los huesos de la manos de la fuerza de su apretón.

⌇ "Siéntese, siéntese. Por favor llámeme simplemente Don Juan."

⌇ "Sí claro", respondió el Señor Hernández conforme retomaba su asiento, aun boquiabierto y resintiéndose de las palpitaciones de dolor en su mano derecha.

⌇ "No, no se levante Señora, no hace falta", dijo Don Juan mientras le tomaba gentilmente de la mano a la señora. "Muchas gracias por venir. Entiendo lo incómodo que pueden ser estás visitas. ¿Qué puedo hacer por Ustedes?" A pesar de su sonrisa, Don Juan no sabía que era más asfixiante si la hostilidad palpable entre la pareja, o el perfume de la mujer que asaltaba con agravada impertinencia su refinado sentido del olfato. ¿Se podría trabajar con esta gente?

⌇ "Estamos aquí porque quisiéramos mejorar un poco nuestras relaciones íntimas", dijo el Señor Hernández.

⌇ "¡Felipe no seas embustero! ¡Por favor! ¡Que no me has tocado en meses! ¡En meses!"

⌇ "¡Es que he estado muy estresado trabajando como un negro para pagarte todos tus caprichos!"

¤ "¡Ay por favor! ¡No me vengas con esas! ¿Trabajas para mis caprichos? ¿Pero tus parrandas con tus amigotes y los strippers te vienen de gratis, verdad? ¿Para esos no trabajas?"

¤ "¡Ya te he dicho mujer, son cosas de negocios! En mi negocio, Don Juan, vienen ejecutivos de empresas importantes y es indispensable llevarles a los antros cogiditos de la mano para que se diviertan. ¡Sobre todo los gringos! ¡Son los peores!"

¤ "Bueno, bueno. Veo que Ustedes traen cierta, digamos 'fricción', que no se limita a la falta de intimidad sexual en su relación. ¿Verdad?"

¤ "¿Ve cómo estamos ahora?", dijo la Señora Hernández, añadiendo inmediatamente después, "Pues así estamos siempre, pero peor, ¡mucho peor! ¡Si no fuera porque es pecado ya me hubiera divorciado de él hace mucho!"

¤ "¿Por pecado o porque te gusta la buena vida? ¡Sí, tú divórciate y verás si puedes sobrevivir con lo que te toca de sustento para los hijos! ¡Acuérdate de que estamos casados por bienes separados! ¡Tú que no has trabajado un solo día desde que nos casamos! ¡Ahí te quiero ver! ¡Chambeando!"

¤ "¡Eres un maldito! ¿Cómo que no he trabajado? ¿Y qué llamas tú mantener un hogar? ¿Criar a tus hijos?"

¤ "¡Siempre con sirvientas y niñeras!"

¤ "¡No siempre!"

¤ "¡Por favor! ¡Los dos años después de casarnos ya ni cuentan!"

¤ "Además, si no trabajé fuera de la casa es porque tú no me dejaste y la posición de la mujer es en su casa para cuidar de sus hijos."

¤ "¿Qué no te dejé? ¿Acaso te tuve atada de manos y pies? ¿En la casa? ¡Por favor! ¡Pero si estabas siempre por ahí de cafés y vinos y juegos de cartas y reuniones de la Iglesia con tus amigas!"

¤ "¡Claro! ¡Contigo todo es 'mujer casada, pierna quebrada y en casa!", respondió de inmediato la Sra. Hernández.

¤ "¡Alto! Ustedes decidan si quieren terapia o un ring de boxeo."

¤ "¿Usted cree que se pueda hacer algo por nosotros, doctor?", preguntó sinceramente la Sra. Hernández, aliviada por una parte de que el 'doctor' no le haya recordado pero por otra profundamente desilusionada por la misma idea.

¤ "¿Para qué le llamas doctor si te ha dicho que le llames Don Juan?", saltó el Sr. Hernández de inmediato, no tanto por el desliz de su esposa sino porque intuía una 'química' de ella hacia Don Juan.

¤ "Bueno", saltó de inmediato la Sra. Hernández, "Usted perdone Don Juan, es que se me escapó es todo."

¤ "No, no se te escapó, es que tú no respetas a nada ni a nadie", insistió su esposo.

¤ "¿Y a mí por qué me tienes que insultar? ¿Qué pasa? ¿No te sientes hombre si no me reduces a nada?", rebatió la señora.

¤ "¡Alto! ¡Alto! ¡Alto! Si han venido aquí los dos es para lograr algo. No vayamos a perder más tiempo tratando de lograr algo que quizás ni siquiera sea posible", pronunció Don Juan.

¤ "¿A qué se refiere con eso?", preguntó el Sr. Hernández.

¤ "Esta primera sesión yo no la cobro, pero de igual manera tampoco me compromete a trabajar con Ustedes. Esta primera sesión me da una oportunidad de observar y analizar si creo poder ayudar o no a la pareja antes de proseguir; y de decidir cuál sería el régimen terapéutico más apropiado, claro. Francamente ustedes demuestran una relación de alta tensión y conflicto que quizás precise más de un abogado que de un terapeuta, y quiero antes de nada tener una idea de si voy a aceptarles en consulta o no. Y claro, es una oportunidad también de que Ustedes decidan si se sienten cómodos conmigo."

☐ "Mi amiga no me dijo nada de que hubiera un proceso de selección", dijo la Sra. Hernández con evidente desilusión.

☐ "¿Y su amiga es?"

☐ "Jimena Sánchez." Jimena Sánchez había sido no solamente la amiga de la Sra. Hernández, sino que la había acompañado durante sus primeras visitas con Don Juan. Era la forma de la Sra. Hernández de decir, '¿Pero no se acuerda de mí?'

☐ "Implícitamente o explícitamente, siempre hay una selección. Antes de comprometerme quiero estar seguro de poder lograr los objetivos deseados, y si durante el transcurso de la terapia no veo progreso o no veo que el progreso sea posible igualmente le pongo un alto. No le veo yo el caso sacar provecho donde no hay fruto, ¿me explico?", respondió Don Juan.

☐ "Perfectamente, Don Juan", expresó el Sr. Hernández, francamente impresionado con lo que le parecía ser quizás el primer hombre honesto que había conocido. En su experiencia, los individuos de profesión – abogados, doctores, psicólogos, dentistas, etc. – no eran mejor que los mecánicos, los plomeros, o los contratistas: siempre viendo cómo pueden sacar la mayor tajada posible a sus víctimas. Al final no pudo contenerse y estalló: "¡Vaya! ¡Un hombre honrado!"

⌘ "Quizás", sonrió Don Juan, "O quizás es que sea codicioso con mi tiempo. O quizás sea un poco de las dos cosas. Como Usted prefiera."

⌘ "¿Qué quiere decir con eso?", preguntó el Sr. Hernández.

⌘ "El dinero no lo es todo, Sr. Hernández. Más importante que el dinero es el sabor de la victoria, el saber que has triunfado por encima de los problemas que tus pacientes o clientes te ponen por delante. Y más que ganar dinero a mí me gusta ganar, así que si no tengo resultados y veo que no puedo tenerlos prefiero ante todo no perder mí tiempo e invertirlo donde pueda mejor rendir. ¿Me explico?", preguntó Don Juan, todavía sonriente.

⌘ "Perfectamente", respondió el Sr. Hernández, agregando: "¿Y sucede mucho que no gane, que tenga resultados?"

⌘ "Jajajaja. La verdad es que raras veces, y en gran parte lo atribuyo al proceso de selección."

⌘ "¿No se acuerda de mi amiga?", inquirió la Sra. Hernández a la primera oportunidad.

⌘ "Por cuestiones de privacidad no puedo ni confirmar ni negar si la persona con ese nombre ha sido o es mi paciente."

⌘ "Ah, claro. Entiendo."

⌘ "¿Y ahora qué hacemos?", insistió en saber el Sr. Hernández, convencido de que su esposa se traía algo entre manos pero igualmente persuadido de que nunca sabría el qué exactamente. "Veníamos a una consulta y ahora resulta que tenemos una entrevista. Me incomoda eso un poco, la verdad.

Es como si nos estuviera evaluando a ver si damos la medida o no."

⌑ "¡Tú y tus complejos de inferioridad!"

⌑ "¡Yo no soy el que tiene que gastarse quince mil dólares en cirugías para sentirme bien!"

⌑ "¡Basta! ¡Tal como siguen no sé si quizás prefieran un abogado de divorcios en vez de terapia matrimonial! Si no pueden respetarse mutuamente será mejor que aprendan a respetar el proceso. Comencemos con su pregunta, Sr. Hernández. ¿Qué hacemos ahora? Ustedes ya parecen haber identificado al menos un aspecto de su problema, la falta de intimidad sexual. Bien, comencemos por lo siguiente. Sr. Hernández, preciso hablar con su esposa a solas unos minutos, no tardaré, tengo que hacerle unas preguntas a ella y luego le tocará a Usted. ¿Está de acuerdo?"

⌑ "No estoy de acuerdo en que vaya ella primero. ¿Por qué tiene que ir ella primero y no me de eso de 'las damas primero' porque no me lo trago?"

⌑ "Bien, le diré la verdad. Tengo que hacerle a su esposa unas preguntas de carácter sexual y sí se las hago después de hablar con Usted va a creer que Usted me pidió hacérselas y entonces no va a tener ninguna confianza con la imparcialidad del proceso y sin confianza no vamos a ninguna parte. ¿Satisfecho?"

⌑ "Ah, pues sí. Claro. Tiene sentido eso. Claro que sí doctor, quiero decir, Don Juan."

⌑ "Muchas gracias por su colaboración", respondió Don Juan. "Si me hace el favor de esperar en la antesala con la secretaria, en cuanto me desocupe envío a su señora a que le avise y platicamos unos minutos. ¿De acuerdo?"

☐ "Sí, claro, claro. A sus órdenes Don Juan."

Don Juan siguió al Sr. Hernández con la mirada conforme salía de la habitación, asegurándose de que había cerrado la puerta antes de dirigirse a la Sra. Hernández.

☐ "La verdad Teresa, con las cirugías casi ni te reconocía."

☐ "Esperaba que me reconociera pero si lo hacía que fuera lo suficiente discreto como para no dejarle saber a mi marido que nos conocíamos de antes."

☐ "¿Entonces, él no sabe que estuviste en terapia?", preguntó Don Juan.

☐ "Ni en terapia ni mucho menos con Usted."

☐ "¿Todo ese tiempo y tu marido sin saber con quién ibas?"

☐ "De hecho nunca supo nada del asalto", respondió la Sra. Hernández.

☐ "¿No sabe nada de la violación? ¿Nada?"

☐ "Nada. Y si lo supiera solamente me hubiera culpado a mí por andar por ahí de descuidada o de provocadora o algo peor. ¡No puede saberlo!"

☐ "A mí me dijiste que se lo habías contado todo a tu marido pero que él no quería venir. Además, me dijiste que estabas separada de tu marido, ¿no es cierto?"

☐ "Sé que estuvo mal mentirle, ¿pero qué voy a hacer ahora? ¡No se lo puede decir!"

- ¤ "Tranquila. Eso es cuestión de confidencialidad. ¿Pero por qué me mentiste a mí?"
- ¤ "Al principio porque sentí que si no le daba una buena razón para que dejara de insistir que debería incluir a mi marido en la terapia, que iba a seguir presionándome."
- ¤ "Al principio. Vale. ¿Pero después?"
- ¤ "Después ya sabe. Pensé que si creía que no estaba del todo casada que se podría interesar para tener una relación conmigo."
- ¤ "Ya te expliqué que eso no es posible, Teresa. Y te expliqué además que es normal que las mujeres tengan esos sentimientos hacia sus terapeutas, es parte del proceso de la terapia, pero no son reales, sino fundamentados en el proceso."
- ¤ "Con todo el respeto debido, Don Juan, Usted sabrá mucho de la mente pero no le puede decir a una mujer lo que tiene o no en el corazón. Mis sentimientos hacia Usted eran sinceros y verdaderos, y cuando me rechazó me sentí humillada. Sobre todo porque Jimena me había dicho que ustedes dos tuvieron un lío y muy apasionado."
- ¤ "¡Jajajajaja!", explotó Don Juan. "¡Por favor Teresa! ¡No me hagas reír! ¿Cómo es posible que seas mujer y no conozcas a las mujeres?"
- ¤ "Pues a mí me dijo…"
- ¤ "¡Jajajaja! ¡Teresa puede decir misa! ¡De ahí a que sea verdad!"
- ¤ "Me mostró conversaciones entre Ustedes dos."

- ⌻ "Dame unos minutos en la compu y te muestro conversaciones con la reina Victoria. ¡Por favor! ¿Cómo puedes ser tan ingenua?"

- ⌻ "Es que Jimena es tan joven y tan guapa. Todos los hombres se derriten por ella. Es fácil creer que Usted la desearía también."

- ⌻ "Sí Teresa, es cierto, Jimena es una mujer muy atractiva, pero te olvidas de que esos hombres solamente la ven por fuera, pero yo la conozco por dentro. En fin. Entonces estás casada, nunca estuviste separada, y tu marido no sabe nada del asalto ni de la terapia. ¿Verdad?"

- ⌻ "Verdad."

- ⌻ "Bueno, y qué te trae aquí entonces. Pero dime la verdad, eh, nada de cuentos esta vez porque si me huelo algo que se asemeje a una mentira corto por lo sano y ahí te quedas. ¿Estamos?"

- ⌻ "Estamos."

- ⌻ "Bien, entonces, dime. ¿Qué pasa?"

- ⌻ "Creo que Felipe, mi marido, anda con otra o con otras. No me refiero de forma casual, eso lo hacen todos o casi todos los maridos, sino de forma regular. Eso es lo que me da miedo. A mí no me toca para nada desde hace meses y me dice que siempre que anda cansado y estresado y no hallo la forma de llamarle a atención, de provocarle. ¡Miles de dólares de cirugía y nada! De hecho ya dormimos en camas separadas a insistencia suya."

- ⌻ "¿Y tú? Dime la verdad."

- ⌻ "¿Yo? Pues, tuve una breve relación con otro hombre, ya sabes, después del asalto y antes de venir con Usted, que me daba el apoyo emocional que yo necesitaba, pero en seguida rompí con él y me siento muy arrepentida y avergonzada de todo eso. ¡No sabe cuántas veces estuve a punto de confesárselo a Felipe para pedirle que me perdonara! ¿Cree que debería decírselo?"

¤ "Teresa, a la hora de mantener un matrimonio los estudios claramente demuestran que la honestidad está en no hacer nada indebido, pero la pendejada está en confesarlo. Estadísticamente hablando nada bueno sale de confesar una infidelidad y por lo general las personas no lo hacen por sus parejas ni por la relación sino por egoísmo propio, porque no pueden vivir con ello. Si decides confesarlo pues hazlo, pero creo que tu marido tiene los perdones contados. ¿Me explico?"

¤ "Felipe no perdona nada – ¡nunca! Hace que perdona pero en realidad se lo guarda para sacártelo cuando menos te lo esperas y cuando más le convenga. ¿Pero no cree que es mejor ir siempre con la verdad por delante, Don Juan?"

¤ "Jajajaja. Pues viniendo de alguien que me ha mentido tanto como tú, suena refrescante, la verdad, ¿no crees?", dijo Don Juan con una sonrisa para amortiguar un poco la pedrada que acababa de soltar.

¤ "Sí, es cierto, y créame que lo siento y que me pesa haberle mentido y le pido perdón a Dios por ello, siempre que me acuerdo, claro", respondió la Sra. Hernández con absoluta convicción y completa sinceridad.

¤ "Creo que a veces la verdad es como una medicina: hay que saber cómo, con quién, en qué dosis y cuándo administrarla.

Bueno, aprovechemos el tiempo para que me digas qué es lo que te gustaría hacer con tu matrimonio. Enfocando en el aspecto puramente sexual, ¿si tuvieras una varita mágica, qué cambiarías en tu marido?"

⌗ "¡Pues qué va a ser! Que deje a su amante y que me haga caso a mí. No todas las noches porque se me haría pesado eso, pero por lo menos de vez en cuando que me diera algo de cariño. Es que él sin sexo no quiere ni acercarse. Y yo – bueno, Usted ya sabe mi historial de abuso sexual de niña – pues ni me gusta tanto el sexo. ¡Esos olores y luego los líquidos! ¡Qué asco! Lo he aguantado de los hombres porque es lo que le exigen a una a cambio de cualquier cosa, pero gustarme como a otras, como a algunas de mis amigas, pues no, la verdad."

⌗ "Sí, claro, entiendo y me acuerdo. Pero tienes que ser algo más explícita si vas a querer rescatar algo de tu matrimonio. Veamos, ¿Cuándo fue la última vez que tuvisteis los dos relaciones digamos, satisfactorias? Satisfactorias para ti quiero decir."

⌗ "Pues la verdad ya antes de nacer los hijos. No es que él fuera un artista en la cama, pero al menos con lo que le faltaba de calidad… pues con la cantidad lo compensaba. Además, tuvimos problemas desde el comienzo. A él le gustan cosas asquerosas."

⌗ "¿Cosas 'asquerosas' cómo cuáles?", preguntó Don Juan.

⌗ "Pues como sexo oral. Y sexo anal. ¡Eso sí que no! Y luego encima no me respetaba ni cuando estaba con mi mes. ¡No sabe el asco que me daba a mí eso! De hecho una de las cosas buenas del embarazo es que dejó de perder interés en mi por unos meses y me dejaba en paz."

¤ "¿Y qué pasó después de los hijos?"

¤ "Pues yo ya tenía aún menos ganas que antes y ni pizca de energías. Y él parecía no entenderlo para nada. Por un lado era como si me resintiera el que hubiéramos tenido hijos, pero por otro adoraba a los hijos. Nunca lo conseguí entender. Supongo que me resentía a mí por los cambios en nuestra vida sexual que comenzaron con los hijos, pero no a los hijos mismos. Encima, pues yo ya no me sentía igual. Se me cayeron los pechos, se me quedó una barriga, tenía estrías, ¡hasta várices me salieron con la pequeña! Y pues, después de que pasan tres cabecitas por ahí, por el canal del parto, pues todo quedó estirado y él se quejaba de que no se sentía igual de estrecho y que ya no le daba tanto placer. Eso ya me remató del todo y acabó con la poca autoestima sexual que tenía. Todo se empezó a venir abajo desde entonces, hasta que últimamente ya ni se molesta ni por las apariencias. Creo que tiene que tener una piruja por ahí, o varias, no lo sé. Estoy por contratar a un detective privado, ¿pero en realidad de qué me serviría? Opté por hacerme todas estas cirugías, a ver si le atraía, hasta me opere de ahí abajo para no quedar guanga, como él me decía, y nada. ¡Ni me pela los ojos!"

¤ "Bueno, entiendo. Trata de calmarte, haz esa respiración abdominal que practicamos tanto, y ya sabes que hay un baño detrás de esa puerta donde puedes limpiarte la cara y arreglarte el maquillaje. Tengo una buena idea de lo que sucede."

- ¤ "¿Pero cree que nos va a poder ayudar?"
- ¤ "Os voy a proponer algo. Ya veremos. Deja que hable con tu marido primero. No puedo prometer nada todavía. ¿De acuerdo?"
- ¤ "¡Dios te bendiga Don Juan! Ah, perdón. Bueno ya sabes que lo digo con buena intención. No tardo."

Minutos después...

- ¤ "Gracias por esperar, Sr. Hernández, agradezco su paciencia."
- ¤ "¡Vaya que si tardaron!", comentó el Sr. Hernández, sospechoso.
- ¤ "No más de lo necesario, se lo aseguro. Tengo otra consulta en unos minutos."
- ¤ "¡A ella le da todo el tiempo que precisa, pero conmigo anda con las prisas! ¿Es eso doctor Don Juan?"
- ¤ "Le voy a hacer la misma pregunta que le hice a su esposa con respecto a sus adversidades en cuanto a su vida sexual. ¿Si tuviera una varita mágica y pudiera cambiar algo en ella, qué cambiaría?"
- ¤ "Le voy a ser sincero Don Juan, y espero contar con su discreción. Yo tengo una amante, una novia más bien, una jovencita que rescaté y que me satisface en todo lo que me guste sexualmente. La tengo con su propio departamento y cuando llego me atiende como yo quiera, ¡como un rey!, y no me viene con esos pudores de la santurrona de mi esposa. Así que estoy aquí por mantener las apariencias y por conseguir algo de paz en mi hogar. ¿Qué me dice a eso?"

⛩ "Mire, sus arreglos extramaritales son asunto suyo. Solamente le digo que no creo que vaya a tener mucha paz si no consigue agradar a su esposa al menos de vez en cuando. No soy un sacerdote para sermonearle sobre la moralidad o la inmoralidad de sus actos. Hay muchas culturas que son polígamas donde el hombre tiene tantas esposas o concubinas como pudiera mantener. Pero quizás parte de ese 'mantener' incluya 'mantener contentas' – y eso incluye más que comodidad material. ¿Me entiende? Sé que me entiende porque de no ser así, Usted no estaría perdiendo el tiempo que podría estar pasando con su novia o amante o como le llame. ¿Verdad?"

⛩ "Pues ahí sí que dio en el clavo. Tengo que encontrar la forma de mantener a Tere contenta porque ya me está haciendo la vida tan imposible que ni me dan ganas de volver a casa muchas veces y eso está comenzando a afectar hasta mi relación con los hijos que me están viendo como el malvado de la película."

⛩ "Quizás el precio de tener dos mujeres en su vida, Sr. Hernández, es que las tiene que mantener contentas a las dos. O sino, divórciese de su esposa y quédese con su amante."

⛩ "¿Con esa putita? ¡Ni hablar! ¡Yo amo a mi familia! ¿Divorciarme y volver del trabajo a una casa vacía todos los días? ¿Está loco? Mi familia es muy católica, así que esa opción ni existe para mí. Además, la verdad es que por otro lado sigo queriendo a Tere y mucho, pero lo que es en la cama, ni la soporto, y de ahí creo que tantos problemas. Mi madre me decía que los matrimonios se hacen y deshacen en la cama. Y en la cama Tere es como coger con un cadáver, vamos. ¿Cómo llaman ustedes eso?"

⨳ "Necrofilia. Viene del griego, 'necro' significa 'muerto' y 'filia' significa 'amante de'. O sea, tener relaciones sexuales con cadáveres."

⨳ "Sí, eso, necro-como-se-llame. ¡Se cree que con solamente abrirse de piernas que ya ha hecho su gran contribución a la fiesta y tengo que estarle agradecido por el favor! ¡Mientras que la otra! ¡Uf! ¡La otra ni le digo que le da envidia! ¡Hace de todo! ¡Sexo oral – y nada de escupir! ¡Sexo anal, ni digamos! ¡Lo que sea que yo quiera para agradarme! ¿Varita mágica? ¡Pues sacar a mi esposa de su pinche monasterio y que tome lecciones de mi Chaparrita! ¡Esa sí que sabe lo que es satisfacer un hombre en la cama! Mire Don Juan, las mujeres así y como dice el refrán: *'damas en la calle, y putas en la cama'*. Si consigue ese milagro con mi esposa, hasta mando a la Chaparrita de paseo. Personalmente yo me cansé de tratar de educarla y me busqué a alguien que lo sabe hacer y lo hace de buenas y con ganas. ¿Cómo la ve Don Juan? ¿Bien jodida, no? ¡Jajajajaja!", concluyó el Sr. Hernández.

⨳ "La verdad es que lo he visto peor, bastante peor. ¿Ha habido algo de violencia doméstica por su parte?"

⨳ "¡No! ¡Nunca! ¿Qué le ha contado mi esposa?"

⨳ ¡No, nada de eso, se lo aseguro! Era nomás para que se diera cuenta de que he visto mucho, mucho peor."

⨳ "¿Y ha podido ayudar? ¿Arreglar?"

⨳ "¿Ayudar? Sí, siempre. ¿Arreglar? ¡Depende del caso! ¿Hay algo más que pudiera contarme de su esposa?"

⌑ "Sí, que es una santurrona. Ni le gusta el sexo. Además tiene la chingada casa que parece un monasterio. ¡Llenita de santos y de santas, y de velas, y de cruces, y de crucifixiones! ¡Hasta en su aposento los tiene! Por encima de la cama tiene al mendigo de Jesucristo con su cara de miserable echando ojos a la cama en todo momento. Al final tuve que ir a mi propio cuarto de lo harto que me tenía. ¡La verdad es que con lo que se pasa el tiempo rezando y en la Iglesia creo que hubiera sido feliz de monja!"

⌑ "Entiendo perfectamente. ¡Ah! ¡Ya se me olvidaba! Tengo una última pregunta… a ver si Usted me puede ayudar con una investigación que estoy haciendo. ¿Me podría decir lo que significan estas siglas?", le preguntó Don Juan al Sr. Hernández conforme le pasaba la medalla de San Benito.

⌑ "¿Qué es esto? ¡Ah! ¡Ya! Un San Benito. ¡Yo no se podría decir nada, pero de seguro que si se lo pregunta a Tere, ella le podrá decir todo lo que quisiera saber y más sobre ello!", respondió el Sr. Hernández devolviéndole a Don Juan la medalla.

⌑ "¡Qué bien! Gracias. Podría hacerme el favor de pedirle a su esposa a que vuelva. Ahora cuando llegue se lo pregunto."

⌑ "Sí claro, cómo no. Con mucho gusto."

Momentos después…

⌑ "Primero quiero agradecerles a los dos por su paciencia…"

⌑ "Vaya al grano Don Juan. ¿Hay esperanza o no?", interrumpió el Sr. Hernández, visiblemente preocupado.

¤ "Si me permite terminar, con mucho gusto llegamos al grano, Sr. Hernández", respondió Don Juan. "Creo que lo que Ustedes dos precisan, antes de nada, es mucha educación en cuanto a la naturaleza de la sexualidad humana."

¤ "¿Cómo que educación?", preguntó la Sra. Hernández.

¤ "Mire, el ser humano es muy peculiar como especie animal. Por una parte tenemos ciertas conductas que son casi determinadas por nuestra biología, por otra tenemos muchas conductas que están casi totalmente determinadas por la cultura. La sexualidad no es excepción, pero como en la mayoría de las cosas humanas, si vamos en contra de nuestra naturaleza animal vamos a tener digamos, conducta disfuncional, o al menos no tan funcional como pudiera ser con algo de consciencia en cuanto a nuestra programación biológica."

¤ "Pero eso no tiene sentido Don Juan. El padre Gregorio dice que hay que siempre combatir nuestro lado animal a favor de nuestro lado espiritual que es puro y divino. Y eso aplica también al sexo."

¤ "¡Ve lo que le digo Don Juan!", saltó el Sr. Hernández.

¤ "Sra. Hernández, Usted tendrá que decidir si quiere lecciones de cómo satisfacer sexualmente a su marido del padre Gregorio o no – esa es su decisión y tiene Usted toda la libertad de optar por ella. No le veo yo mucha ganancia ahí, pero es su problema. Pero si quiere aprender algo de lo que yo le pueda enseñar tendrá que inscribirse y completar un curso que yo doy de la *Psicobiología de la sexualidad humana'*", respondió Don Juan, apenas ocultando de su tono de voz su fastidio interior.

¤ "¿Y cuánto cuesta ese programa?", preguntó el Sr. Hernández.

¤ "¿Y sin ese programa no nos va a dar terapia?", preguntó la Sra. Hernández.

¤ "Todos los detalles se los dará Maribel, mi asistente. Y no, antes de que complete el programa no habrá terapia. Francamente sería perder mi tiempo y tirar su dinero. ¿De acuerdo?", preguntó Don Juan levantándose para estrecharles las manos primero al Sr. Hernández y luego a su esposa.

¤ "¿No le va a preguntar a Tere sobre el San Benito?"

¤ "¿El San Benito?", inquirió la Sra. Hernández, intrigadísima.

¤ "¡Ah! ¡Sí! ¡Se me olvidaba por completo! ¡Gracias Sr. Hernández! Mire, Sra. Hernández, estoy haciendo una investigación sobre estas medallas de San Benito y quería saber si sería tan amable de decirme lo que dicen las siglas."

¤ "¡Claro que sí!"

CAPÍTULO 3

De Hombre a Hombres

- ¤ *"¡Jajajaja!"*
- ¤ "¡No tienes alma!", chillaba una voz por el auricular del teléfono.
- ¤ "No tengo tiempo para discutir contigo Marta", dijo Don Juan entre risas y carcajadas. "Sobre todo cuando te pones tan histérica", agregó Don Juan, apenas conteniéndose la risa.
- ¤ "¿Histérica? ¿Histérica? ¿Te das cuenta de que le podrías haber matado del susto?"
- ¤ "¡Ah! ¡Por favor! Es un muchacho joven y saludable. Está mal de la cabeza, no del corazón."
- ¤ "¿Y acaso no fue a ti para que le ayudaras precisamente con eso? ¡Qué falta de profesionalidad! ¡Te has pasado Juan! ¡Vergüenza debería darte!"
- ¤ "¿Tengo yo la culpa que me guste divertirme en mi trabajo?", respondió Juan con tono burlón.
- ¤ "Divertirte es una cosa, pero lo que has hecho es un crimen. ¡Un crimen! ¿Cómo te atreves a tratar así a mi pobre Quico? ¡Seguro que no tratas así a los hijos de tu amante de turno! ¿Verdad?"
- ¤ "No claro que no. A esos les cobro doble. *¡Jajajajaja!"*, doblándose de la risa desde su asiento.
- ¤ "¡Grosero! No te pongas sarcástico conmigo Juan ya sabes que no lo tolero. Tuve que salir al supermercado a comprarle te de camomila para calmarle los nervios porque no había en casa."
- ¤ "¿Y por qué no mejor llamaste a algunas de tus amigas del aquelarre para hacerle un exorcismo?", dijo Don Juan, ya dolorido de la risa.

- ¤ "No voy a dignar esa pregunta con una respuesta. Explícate y ahora mismo. ¿Por qué le espantaste tanto a mi Quico? ¿Cómo puedes ser tan cruel con alguien que obviamente te admira, respeta y te necesita?"

- ¤ "¿Me 'admira'? ¿Me 'respeta'? ¿Me 'necesita'? ¡Por favor! ¿Oye, estamos hablando de la misma persona? ¿Tu hijo Enrique, verdad?", preguntó Don Juan, algo sorprendido por la táctica de la madre de Enrique.

- ¤ "¡No tienes alma!"

- ¤ "Mira que en eso estamos totalmente de acuerdo. El problema es que tú tampoco la tienes y no porque seas mala persona, sino porque el alma en sí no existe. Mejor di que no me doy el brazo a torcer con tus chantajes emocionales."

- ¤ "No empieces con tus argumentos budistas que no está el horno para bollos, ¿te enteras?"

- ¤ "Ni tampoco empieces tú con tus manipulaciones porque deberías saber que yo no negocio con terroristas – ¡y los chantajes emocionales no son otra cosa que tácticas terroristas de manipuladoras natas!"

- ¤ "Lo único que mi pobre Quico busca en la vida es lo mismo que queremos todos: compasión, comprensión y cariño. El problema es que no sabe expresarlo, eso es todo. ¡Tú Juan, deberías saberlo! Aunque claro, como tú eres de piedra, eres totalmente incapaz de sentir el dolor ajeno."

- ¤ "¿Con que ahora soy de piedra? Vale. Soy de piedra. Tienes razón. Soy incapaz de sentir el dolor ajeno. Tienes toda la razón del mundo… y por lo tanto, puesto que soy de piedra, es obvio que no tengo nada que ofrecer a tu muchacho. Ya queda decidido. Tengo consulta en unos minutos. Nos hablamos…"

¤ "Ya te dije que no te atrevieras a ponerte sarcástico conmigo que voy a tu consultorio y te la armo, ¿eh? ¡Ya sabes cómo me pongo cuando me pongo de nervios!"

¤ "¡Jajajajaja! ¿Y tú cuando NO estás de nervios?"

¤ "¡Deja de provocarme! ¿Y ahora qué le vamos a hacer para que vuelva mi Quico contigo? ¡El pobre está totalmente aterrado de ti! ¡Se cree que eres el mismísimo demonio!"

¤ "Si no le hubieras metido estas estupideces en la cabeza desde niño ahora de adulto no sería tan ridículo."

¤ "A mí no me puedes echar todas la culpas de eso Juan. ¡Su padre era devoto a la Santa Muerte!"

¤ "¡Cómo no!"

¤ "¿Y qué chingados me quieres decir con eso?"

¤ "Es como la caguama diciéndole a la tortuga '¡conchudo!'. Lo misma me da que me da lo mismo."

¤ "O sea, ¿que para ti todos los que creemos en lo que tú no crees somos unos brutos ignorantes?"

¤ "Sin comentarios. Lo de su padre ya me lo habías contado, ¡pero tú no ayudaste tampoco convenciéndole de que yo soy un brujo!"

¤ "¡Era solo para que te aceptara mejor!"

¤ "¡Pues lo hubieras pensado dos veces en vez de manipular a tu hijo con supersticiones que tú misma ni crees en ellas!"

¤ "¡Jajajaja! ¡Calla Juan! ¡Que te oyen los espíritus! ¡Jajajaja! Bueno, el 'hubiera' no existe, ¿así que qué le vamos a hacer ahora?"

¤ "¿Cómo que 'qué le vamos a hacer ahora'? Nosotros no le vamos a hacer nada, me oíste, 'NA'-'DA'. "

¤ "¿Entonces crees que Quico va a volver solito a terapia contigo?", preguntó la voz, repleta de esperanza.

¤ "¿Cómo? ¿Me estás tomando el pelo? ¡Claro que no creo que vaya a volver! Mira, tengo que irme, tengo un paciente."

¤ "¡Que espere! ¡Y no se te ocurra colgarme ese teléfono porque voy ahí y te armo un escándalo en tu consultorio que no vuelves a ver un paciente hasta la próxima era glacial!"

¤ "¡Jajajajaja! ¡Esa sí que estuvo buena! ¡'Hasta la próxima era glacial'! Me gusta. La voy a usar algún día. ¿Pero luego me preguntas que por qué te digo que las mujeres pueden ser unas terroristas? ¡Jajajaja! Haz lo que quieras. Si quieres venir y hacer el ridículo es cosa tuya, por mí adelante. Lo filmaré todo y le diré a los pacientes que esto es lo que sucede cuando una paciente *ESQUIZOFRÉNICA* deja de tomar su medicamento, ¡y listo! Así que ven cuando quieras. Voy sacando la cámara de video."

¤ "¡Está bien! ¡Está bien! ¡Te lo pido por favor! ¡Dame un par de minutos más!"

¤ "¡Ah! ¿Si no funciona por las malas entonces hay que entrarle por las buenas? ¿Es eso?"

¤ "Dos minutitos Juan, por favor."

¤ "Vale, pero solamente si me llamas 'Don Juan'. *¡Jejejejeje!*"

¤ "¡Vete a la mierda!"

¤ "¡Jajajaja! No te duró mucho el hechizo del encanto, ¿verdad? A ver, ¿para qué quieres dos minutos más?"

¤ "Para que me expliques qué hacer ahora con mi hijo. Te lo mandé con toda la confianza del mundo de que al menos le ibas a dar… no sé, dar otra perspectiva. ¿Y te das cuenta de lo traumado que está ahora?"

¤ "¿Te das cuenta tú de lo ridículo que es que un disque hombre salga corriendo porque le da miedo el título de un libro?"

¤ "Juan, se fue directo a su cuarto y no he podido sacarle ni para comer."

¤ "Créeme, que si el hambre aprieta saldrá. No se va morir de hambre ahí dentro, te lo aseguro."

¤ "¿Qué me quieres decir con eso?"

¤ "Quiero decir que dejes de cargarle como su fuera un chihuahua y empieza a tratarle como un hombre y quizás empiece a comportarse como tal, en vez de perrito faldero. ¡Eso valdrá más que mil horas de terapia y te saldrá más barato! Que salga de su cucurucho y baje a comer."

¤ "¿Qué te crees, que soy una desalmada como tú? ¡Claro que le llevé la comida a su cuarto!"

¤ *Suspiro profundísimo.* "Mira, luego las mujeres se quejan de que los hombres se comportan '*como unos niños malcriados*' pero nunca toman la responsabilidad de que así los criaron otras mujeres – ¡o sea, sus mamás!"

¤ "¿Y qué me quieres decir con eso? ¿Eso qué tiene que ver con el espanto terrible que le metiste a mi Quico?"

¤ "¡Pues tiene todo que ver! ¡Tú eres no todo el problema pero sí una buena parte y de él – y lo has sido desde siempre y lo sigues siendo!"

¤ "¿Yo? ¿Yo cómo? ¿Porque no le dejo pasar hambre en su cuarto? ¡Por Dios Juan, eres ridículo! ¿Crees que para ser hombre todos tienen que ser un Rambo como tú?"

¤ "Para empezar, tú firmaste un acuerdo de no interferencia, ¿y cuánto tiempo has durado sin interferir? ¡No te aguantaste ni con la primera cita! Tratas a tu hijo como si estuviera en el kínder todavía."

¤ "¡Pensé que le enviaba a terapia, no a la guerra!"

¤ "¡Mira te diría que eres ridícula, pero me quedaría cortísimo! ¡No te entra en la cabeza de que para que un muchacho llegue a ser un hombre tiene que ser capaz de pararse como tal – sin tener a su mamacita que venga a rescatarle del Lobo Feroz porque le dio un sustito! Segundo, que en realidad es una extensión del primero, si los hombres son unos 'niñitos' – como tantas mujeres insistís en que son, es entre otras cosas porque sus madres les siguen chiqueando toda la vida para que lo sean. Marta, una persona puede aguantar días, hasta semanas sin comer sin morirse, ¡pero tú tuviste que darle su *room service* al princeso!"

¤ "Pero mi Quico..."

¤ "¡Enrique! ¡Enrique! ¡Se llama Enrique! ¡Corta el cordón umbilical! ¡Destétale ya! ¡Marta! ¡Por favor! ¡Que ya no es un bebé!"

¤ *Entre lloriqueos.* "Pero es que tú no lo entiendes porque no eres una madre. ¡Siempre será mí bebé!"

¤ "¡Pero el mundo no es ni tu matriz ni le va a amamantar toda su pin... dichosa vida! ¡Y ese es precisamente el problema! ¡Generas en él la expectativa de que la vida es el regazo y la teta de su madre para que él nada más abra la boca para pedir y todo se le consienta, se le perdone y se le conceda! ¡Y luego cuando sale al mundo y se da cuenta de que no es así se derrumba, pero ahí está su madre para apapacharle de nuevo! ¡Vosotras la mujeres los criais y luego os quejáis!"

⌑ "¡Eso! ¡Cúlpales a las víctimas!"

⌑ "¿Víctimas? Mira, si sois víctimas es porque vosotras mismas criais a vuestros verdugos. ¿Tú tenías hermanos cuando creciste en tu casa, no?"

⌑ "Sí, dos. ¿Y?"

⌑ "¿Y? ¡Yo te voy a dar el '¿Y?'! ¿Y a la hora de que tu madre quisiera ayuda en la casa para hacer las camas, lavar los baños, barrer los pisos, limpiar el polvo, lavar los trastes, o lo que fuera, se lo pedía a tus hermanos varones o los dejaba viendo la tele o tocándose las narices mientras que a ti y a tus hermanas os tocaba echar una mano?"

⌑ "No, pues sí. Ya lo sabes. Así es."

⌑ "¡Exacto! Así es. ¿Y cuándo fuiste a escoger un marido, te fijaste en que si iba a ser buen modelo para tus hijos, o sea para que tus hijos se criaran en hombres ejemplares, o nada más te fijaste en lo que te consentía, en lo que te compraba, en lo bonito que era, y en si llevaba el carro del año – o sea, si podría darte una buena vida o no?"

⌑ "Eso es fácil para ti decirlo. Cuando yo era joven las mujeres no tenían las oportunidades que tenemos ahora, así que era importante casarnos bien y al menos con la esperanza de hacerlo con un hombre que no nos fuera a tratar mal. Aunque al final el noviazgo es una cosa, pero el matrimonio es siempre otra."

¤ "No si de hecho sí lo entiendo, y lo entiendo perfectamente. Pero el problema es que los tiempos habrán cambiado en el sentido de que las mujeres ahora tienen más y mejores oportunidades, pero las actitudes y expectativas de demasiadas mujeres no – salvo que quizás de mal en peor. Ahora las mujeres por una parte siguen consintiendo y malcriando a sus hijitos, y por otra siguen escogiendo maridos que las consientan a ellas, pero con la diferencia de que como ahora pueden ganarse la vida sin depender tanto de un hombre, pues se casan a los veinte para salir de casa de su papá, y ya a los treinta, con dos o tres hijos a cuestas, se divorcian. Ahora los hijos son criados en guarderías y por niñeras, o sea, no por la madre, crecen sin presencia alguna de un padre, y con el nefasto ejemplo de una madre joven que…"

¤ "¡Ya lo sé Juan! ¡Ni falta hace que lo digas! Andan por ahí de 'lindas, libres y locas', o sea, como gatas en celo buscando quien les calme. Han convertido la libertad en libertinaje al querer hacerse igual que los hombres."

¤ "¿Y mientras? ¿Los hijos qué están aprendiendo? ¿Y las hijas?", preguntó Don Juan.

¤ "Pues las hijas a ser unas pirujas y los hijos a ser unos cabrones", dijo la voz femenina al teléfono con un tono sumamente resignado.

¤ "Tú lo has dicho, yo no."

¤ "Pero lo pensaste."

- ¤ "No lo tengo que pensar mucho, lidio con ello todos los días. Ayer mismo tuve que aconsejar a una paciente que está desesperada porque su hija de doce años se escapa de casa por las noches a salir con su novio de dieciséis. Y le digo a la madre: '¿Pero qué ejemplo le das a tu hija cuando siempre que no estás trabajando te vas de clubes y en tu muro de Facebook pura foto de tus parrandas?' ¿Sabes lo que me dijo?"

- ¤ "¿Qué te dijo?"

- ¤ "Que su hija 'no sabía' lo que ella hacía. '¡JA!', le dije, '¡Me apuesto que hasta tiene tu contraseña de tu Facebook y de tu correo electrónico!' ¡Y tuvo la jeta de decirme que claro que sí tenía la contraseña porque ella no guarda secretos de sus hijos!"

- ¤ "Pero Juan, eso es muy común, ya sabes que aquí las madres son así con sus hijos."

- ¤ "Exacto. ¡Hasta a veces las madres solteras comparten la cama con sus hijos adolescentes! ¡Es perverso eso!"

- ¤ "¿Pues entonces cómo debería ser una madre? A mí nadie me enseñó cómo criar a hijos varones y su padre casi nunca estaba y si es que estaba brillaba por su ausencia, viendo el partido o lo toros o entreteniendo a sus amigotes. ¿Cómo debería ser una madre?"

- ¤ "¡Todo depende de cómo quieres que salgan tus hijos! Acuérdate de que el hijo que estás criando va a ser algún día el esposo de alguna mujer el padre de unos hijos. Mira, me tengo que ir."

- ¤ "¡Pero dime algo que pueda hacer! ¿No? Por favor te lo pido."

- "¡Aush! Mira, tengo un programa que se llama 'De Hombre a Hombres', comienza después de esta sesión que tengo pendiente esperando a que te cuelgue el teléfono. Es un programa para familias enteras — para madres, hijas, y esposas, además de hombres. Puedes acudir con ¡ENRIQUE! ¿Entiendes? ¡ENRIQUE! ¡Ni se te ocurra traer al Quico ese por aquí! ¿Me oyes?"
- "Está bien, no estoy sorda."
- "Habla con la secretaria y te dirá los detalles de lo que tienes que traer, etc."
- "Gracias Juan. Así haré."
- "Lista y servida."
- "¡Una cosilla más!"
- "Dime."
- "¿Verdad que me amabas?"
- *Suspiro enorme. Clic.*
- "¿Juan?... ¿Juan?... ¿Juan?..."

...

Una hora más tarde, en el pequeño salón de eventos del consultorio, hasta su modesta capacidad relleno de alumnos, invitados, pacientes, y sus familiares, una voz veterana a la disciplina del coloquio público comenzaba su presentación con gran ahínco...

- "Buenas tardes a todos, y bienvenidos a nuestra primera sesión del programa *'De Hombre a Hombres'*..."

☐ "¡Perdone doctor!", declaró una voz disidente, emplazada estratégicamente cerca de la puerta de salida al final del salón. Se trataba de una mujer joven, casi de mediana edad, de tez clara y de ojos y cabello oscuros, casi negros, que se expresaba con una intensidad en la mirada de quien no acostumbraba que le lleven la contraria – nunca.

☐ "Dime Rocío", respondió el la voz del presentador, sus labios delatando el ligero fastidio del que prevé un inevitable e irracional desacuerdo.

La Señora Rocío Ceballos era bien conocida por el presentador ya que tanto sus hijos como ella habían atendido algunos de sus seminarios y programas en los últimos catorce meses. Era una mujer de treinta y pocos años, que a raíz de su reciente divorcio todavía cargaba por una parte la amargura de las incesantes infidelidades de su marido, incluyendo con una prima hermana suya cuyo embarazo fue la gota que colmó el vaso, y la soledad que le impulsaba a encontrar consuelo en alguna nueva relación, objetivo que según la señora se le dificultaba no solamente por su natural reticencia a volver a arriesgarse a otro ocaso en el campo sentimental, sino porque de pronto se encontraba en un mercado altamente competitivo repleto de mujeres diez años menores que ella y sin las evidencias anatómicas de sus tres embarazos y su debilidad por el chocolate. Ese era su punto de vista. Desde las gradas del sector masculino había otra perspectiva; para los hombres posiblemente interesados el factor que más los repelía no era ni con mucho la amplitud de su cintura, de hecho, la opinión general era que el resto de su anatomía compensaba más que suficiente como para pasar por alto ese 'detalle'. 'No', pensaba Don Juan en ese preciso momento, 'el *problema de Rocío nada tiene que ver con su apariencia física, sino con esa necesidad que siente de emascular a todo varón que se le pone por delante, comenzando por sus propios hijos'.* Y esa tendencia, Don Juan sabía, no comenzó con su fallido matrimonio, sino con sus incesantes choques con su padre, hombre gallardo y definido que se negaba a ceder al convenio cultural del matriarcado. La hija, por lo tanto, estaba atrapada en un fuego cruzado que consistía por un lado en el impulso cultural de imponer su voluntad a todo hombre que se pusiera por delante, y la decepción natural de luego despreciar a todo aquel que no diera el ancho al resistirla en ese mismo empeño.

¤ "Don Juan, y no solamente hablo por mí, sino por otras madres que me han comentado lo mismo pero que por lo visto no se atreven a hablar por si quedan señaladas de alguna forma, ¿quisiera saber… quisiéramos saber por qué a las madres se nos exigió estar presentes en este programa? Tengo entendido que va a durar varias semanas y algunas de nosotras tenemos mejores cosas que hacer que estar aquí escuchando cosas que en realidad no nos conciernen o que ya sabemos."

¤ "¡Sí, como ver las telenovelas!", susurró una voz no identificada – posiblemente hasta un hijo de Rocío – y que ocasionó un alboroto de risa entre algunos de los presentes, sobre todo los jóvenes varones, testigos de los hábitos televidentes de sus madres, tías, abuelas, y hermanas.

¤ "¡No sé quién fue quien dijo eso, pero le aseguro Don Juan que yo no tengo tiempo para perder con telenovelas! Soy vendedora a comisión y tengo que atender a mis clientes así que eso de estar aquí me está costando dinero. Que vengan aquí mis hijos es una cosa, al menos sé dónde están, pero yo no tengo por qué estar."

☐ "¡Un momento, un momento! Bueno, entiendo tu posición Rocío. Pero déjame que te pregunte una cosa, de hecho no solamente para ti, sino para todas las madres que quizás compartan tu perspectiva de que quizás su tiempo estaría mejor empleado en otras cosas. ¿Cuándo los hijos reprueban sus materias en el colegio y tienen que pagar clases extraordinarias de recuperación, eso no afecta el presupuesto familiar?" Cabezas de familia alrededor del salón, tanto maternas como paternas, movieron sus cabezas en silenciosa conformidad. Era una 'indirecta-directa' al orgullo de la Sra. Ceballos ya que sus dos hijos en edad escolar habían suspendido varias materias este último semestre. "Entonces, ¿quizás si ponemos las cosas en orden en nuestros hogares y familias, tendremos que enfrentar menos gastos ocasionados por ese desorden? ¿Verdad?" Don Juan no se esperó en recibir réplica a una pregunta que solamente tenía una respuesta, sino que continuó al ataque. "¿Rocío, has leído el panfleto que se repartió anunciando los detalles del curso?", preguntó Don Juan.

☐ "A mí no me llegó ningún panfleto", respondió la divorciada amargada.

☐ "Sí mamá, te lo llevamos y te lo pusimos en la mano", interrumpió uno de los hijos de Rocío. Se trataba de Jorge, el mayor, un joven de quince años que aparentaba trece y cuyas calificaciones escolares, que nunca fueron estelares para comenzar, cayeron en picado una vez que el padre se fue del hogar. La fulminante mirada de su madre lo decía todo.

¤ "Ah sí, ya me acuerdo", recuperó la Sra. Ceballos, "Sí me llegó, pero la verdad no tuve tiempo ni de leerlo."

¤ "Gracias Rocío por traer este problema a nuestra atención. ¿Quién más no ha leído ni el panfleto ni el artículo adjunto?", preguntó Don Juan.

Con pocas excepciones todas las manos se levantaron en la sala. Don Juan tomó nota sin sorprenderse en lo más mínimo puesto que, conociendo el terreno como lo conocía, ya había previsto este resultado.

¤ "Bueno, es muy importante que las madres entiendan el rol que desempeñan en la formación de sus hijos varones, sobre todo en el caso de que el padre esté ausente o de que no esté presente de una forma digamos, 'estelar'. Quizás ustedes estén o no estén de acuerdo con lo que vamos a hacer énfasis aquí, y por eso es aún importante que entiendan exactamente qué es lo que se va a presentar en este programa. Bien. El artículo en cuestión es de un psicólogo y filósofo que a mí me gusta mucho y al que llevo siguiendo a lo largo de toda mi carrera. Entonces, vamos a hacer lo siguiente, yo voy a leer el artículo…"

¤ "Don Juan, ¿y de qué trata el artículo?", insistió saber Rocío.

¤ "Lo sabrás cuando lo leamos. ¿De qué te sirve que te hable del artículo cuando lo vamos a leer de todos modos? Dicho de otro modo, la mejor forma de saber de qué trata el artículo es leyéndolo", respondió Don Juan con paciencia pero con firmeza.

⋈ "¿Y sí no nos podemos quedar?", preguntó otra voz materna. Era la señora Lucía Moreno, cuya familia entera, salvo el bebé recién nacido – es decir, dos hijas adolescentes, un niño de ocho años de edad, y los Sres. Moreno mismos, que por cierto vivían separados – estaban en terapia familiar e individual con Don Juan.

⋈ "¿No tienes a nadie que se ocupe de la bebé?", preguntó Don Juan.

⋈ "No... bueno sí, pero solamente por un ratito. Es que la verdad, Don Juan, a mí todo esto se me hace muy aburrido", confesó la Sra. Moreno.

⋈ "¿Se te hace aburrida la formación correcta de tus hijos?", preguntó Don Juan.

⋈ "No, claro que no Don Juan. Disculpe", respondió la Sra. Moreno muy apenada.

⋈ "¿O quizás se te hace aburrida la idea de que tu hijo crezca a ser un pandillero, un narcotraficante, o quizás un borracho, un drogadicto, o un mujeriego?", dijo Don Juan ya con limitada paciencia. Le quedó decir, '¿como su padre?', pero no hacía falta. Todos los presentes ya sabían muy bien cómo el Sr. Moreno gastaba lo poco que ganaba y con quienes.

⋈ "No, claro que no Don Juan", murmuró una muy ruborizada y aún más arrepentida Sra. Moreno.

⋈ "Bien. Entonces, y para poner un alto a futuras reclamaciones, quejas, o protestas, déjenme resaltar que esto es voluntario. Pero si las propias madres no están dispuestas a invertir su tiempo para la posible mejora de sus hijos, ¿Qué les va a hacer creer que sus propios hijos no lo vean también como una pérdida de su tiempo y por lo tanto no obtengan nada útil del programa? Así que si no quieren estar son libres de irse pero tienen que llevarse a sus hijos consigo. Pero por favor si se van a ir que lo hagan de una vez para dejar de interrumpir a las personas que sí desean sacar provecho del programa. Bien. Vamos a proseguir con una lectura detallada del artículo. Anticipando que no iban a traer sus copias, Maribel tiene extras para repartir… ¿Quién nos haría el favor de leer?"

⌑ "¡Yo!"

⌑ "Gracias Fernando, adelante entonces."

De La Bitácora de Shodai, Vol. II, "Es hora de grandes espíritus y leyendas"

Anotación para el 19 de junio, 2011:

150. Título de la Anotación: "Para las madres en el día del padre".

Es interesante observar como por inercia de tradición, de pronto las personas salen a elogiar y felicitar a los padres, muchas veces después de un año de olvido y casi siempre sin tan siquiera entender cuál es la verdadera y auténtica función del buen padre. ¿Cómo poder afirmar la excelencia cuando ni si quiera se entiende su esencia? Ser buen padre y conocer, vivir, enseñar y exigir la excelencia es una misma cosa.

No quiero decir con ello que ser buena madre no implique lo mismo, ser excelente, pero la falta de excelencia como normativa sociocultural afecta a ambos, padre y madre por igual, y lo cierto, y lo que las feministas se niegan a aceptar, es que hay ciertas contribuciones sociales, familiares que solamente los hombres, aquellos dignos del título, podemos aportar, y la fortaleza personal que surge de una rígida y austera disciplina es una de ellas. En la medida en que es evidente, para el que quiera reconocerlo, que en el mundo latino o hispano, en el tercer mundo, y en el tercer mundo dentro del primer mundo – o sea, los sectores poblacionales de bajo rendimiento socioeconómico y cultural – hay una falta de modelos, y de evidencias, de excelencia que se puede concluir a su vez que hay una ausencia de buenos padres.

En el mundo hispano, latino, iberoamericano, de habla española y portuguesa, como queramos concebirlo y llamarlo – donde domina el matriarcado por cierto – el auténtico papel del padre no se conoce, y donde se conoce no se entiende, y donde se conoce y se entiende por lo general, en el vasto dominio cultural que designé, se rechaza; esto lo he estudiado, lo he observado, y lo he experimentado demasiadas veces en vida propia. Las estadísticas, para los negativistas desafiantes que no quieren reconocer sus deficiencias, confirman esta falta de modelo de paternidad de tantas maneras imaginables que negarlo y ser necio es una misma cosa: se confirma en la falta de disciplina personal (índices de obesidad infantil y adulta, de adiciones a sustancias nocivas, etc.); se confirma en la falta de integridad (corrupción comenzando por los más altos niveles del gobierno; criminalidad juvenil; pornografía infantil, etc.); se confirma en la falta de autocontrol en la cultura (tasas altísimas de violencia doméstica, de abuso sexual, de violencia contra la mujer, etc.); y se confirma en esa falta de excelencia y en la mediocridad institucionalizada como ícono de la cultura hispana o latina: en los millones de Ninis" – jóvenes que, teniendo la posibilidad, NI trabajan NI estudian; en la patente ausencia de inventores; en la falta de creadores de nuevas tecnologías; en la vergonzosa carencia de ganadores de premios Nobel. Os recuerdo de una anotación anterior de mi Diario de un Sennin: "...durante el siglo pasado en toda la Hispanidad junta, por ejemplo, es decir, en unos 300 millones de personas de promedio, hemos acumulado unos 22 premios Nobel – de entre TODOS los países latinos combinados. En el mismo periodo de tiempo los judíos han dado al mundo 127 – con una población (máxima) de unos 12 millones y tras haber experimentado un Holocausto durante el cual se perdieron unos 6 millones de miembros. ¿Queda todo dicho?" ¿Queda todo dicho? No, no queda todo dicho. ¿Cuántos de mis escasos lectores siquiera saben lo que es un premio Nobel y lo que implica? Es una gran vergüenza. Somos capaces de mucho más pero no cuando crecemos chiqueados para exigirnos cada día menos y menos. Y para aquellos que buscan escudar su mediocridad detrás de su latente – y muy hispano – antisemitismo, alegando que los judíos se destacan porque se ayudan entre sí y porque explotan a los demás, diré, sin referencia a lo anterior, lo siguiente: el judío trabaja más, estudia más, se exige más que ninguna otra etnia occidental –

de ahí su superioridad, de ahí que ha sido históricamente, y como las estadísticas lo demuestran, la etnicidad que per cápita ("por cabeza") más ha aportado al mundo; acordaros todos que adoráis a Jesús como vuestro Dios, que él era un judío al igual que todos los padres del catolicismo/cristianismo que asentaron las bases de vuestro culto religioso..

Es tarea difícil ser buen padre en esta cultura, sobre todo en estos tiempos de mediocridad social, de consentimientos maternales, de valores materialistas, puesto que el ser buen padre implica exigir al individuo a nuestro mando – y sí, digo "mando" palabra que trauma al anarquista inherente en todo latino – aun cuando el resto de nuestro mundo socio-cultural invita al relajo, a la desidia, a la fiesta, a la apatía, a la ignorancia, a la soberbia. Os invito a alquilar una película que hemos estudiado en el Ryu en numerosas ocasiones titulada "Coach Carter". Ahí veréis, la pasión con la cual el entrenador se dedica a cumplir con su misión de forjar los valores de disciplina, de excelencia, de responsabilidad, de respeto, es decir, de hombría en sus muchachos; y a la vez veréis la férrea resistencia con la que se encuentra por parte de las familias, del sistema educativo, y de la sociedad en general. La cultura hispana, que fomenta "chapulines" y desdeña a las "hormigas" como "nerds", "asociales", "aburridos", podría aprender mucho de la Fábula de la Hormiga y del Chapulín, versión Shodai:

Érase una vez un chapulín que se encontró con una hormiga un día de verano:

- ❖ *¿Qué onda güey? , dice el chapulín a la hormiga*
- ❖ *Chambeando, no lo ves, ¿Y tú? ¿De relajo como siempre?*
- ❖ *¡Órale! Para vivir no hay nada como el buen vivir. Lo mío es la fiesta, ya sabes, el party perpetuo. Eso de chambear es de losers.*
- ❖ *¿O sea, que me estás diciendo loser?*
- ❖ *Si el saco te queda pos ahí te lo llevas güey. ¿Para qué chambear si se puede vivir a toda madre sin trabajar? Aquí hay grama para dar y tomar. ¿Para qué voy a pasarme estos días tan bonitos sudando la gota gorda como tú hermano?*
- ❖ *¿No has oído de algo que se llama 'futuro'?*
- ❖ *¡Futuro mis nalgas! ¡Yo vivo para ahora mismo! ¡Y que me quiten lo bailado!*
- ❖ *Ya veremos quién se queda con el saco de loser cuando llegue el frío amiguito.*

Y con eso la hormiga continuó con sus labores y deberes, y el chapulín con su canto y diversión. Pasaron las horas, los días, y las semanas; llegó el otoño y el sol ya no calentaba lo que antes y al chapulín se le dificultaba más y más llenarse la panza. Por fin, con los rigores del invierno el chapulín, desesperado, tocó la puerta del hormiguero. Le abrió la misma hormiga al que había llamado 'loser' hace pocos meses.

- ❖ *¿Qué se le ofrece amigo? Aquí nomás estamos los losers como yo.*

❖ *Amigo, perdona mi anterior ignorancia, ¿pero no tendrías algo de comer?*

❖ *Desperdiciaste los días mejores en vez de prepararte para los peores. Aquí todos hemos trabajado para comer.*

❖ *Te lo ruego tengas compasión de mí. Aunque sea déjame pasar un poquito para quitarme este frío que apenas me deja moverme.*

❖ *Como quieras amigo.*

❖ *¡Gracias! ¡Gracias!*

Y con eso el chapulín entró al hormiguero para calentarse unos minutos. Y cuando la hormiga gritó "¡Comida!", entretuvo la breve esperanza de que también le dieran de comer algo, antes de que una horda de hormigas se le echara encima y se lo comieran vivo.

En un mundo de chapulines y de saltamontes ser el "sargento hormiga" es no ganarse ni el reconocimiento ni el agradecimiento ni muchas veces el apoyo de nadie durante el ministerio de esa gran obra social; es ganarse demasiadas veces el resentimiento y la reclamación de las mismas personas a las cuales estás esforzándote para rescatar de sí mismas. Ese reconocimiento, si tienes suerte, viene mucho, mucho más tarde cuando en verdad ya no es ni trascendente. Personalmente, no busco el agradecimiento, pero sí exijo el respeto, la obediencia, y la lealtad de los hijos menores a mi cargo.

No hay vocación más noble que la de ser BUEN padre – y por eso mismo se reza al "Padre Nuestro que estás en los cielos" – ya que es análoga a la de ser BUEN maestro. Ser buen padre, nos enseña Confucio, es la base y fundamento de una gran sociedad: donde vemos naciones decadentes, pueblos quebrantados, países tercermundistas, comunidades desventuradas, y culturas desdichadas, veremos un vacío de la verdadera y efectiva figura paternal. De hecho, como tantos estudios sociológicos han confirmado, la oleada creciente de pandillerismo en los Estados Unidos se vincula directamente a la endémica ausencia del padre en la sociedad americana, fomentada por las tasas crecientes de divorcio y por las parciales cortes de familia que privan al padre de su posición: el 50% de las madres divorciadas "admiten abiertamente" emplear a los hijos como arma retributiva contra el padre, y cuántas no lo hacen hasta inconscientemente; y el 95% de los niños de familias divorciadas pierden el contacto, salvo muy esporádico, con su padre dos años después del divorcio. El director de la FBI recientemente declaró que las pandillas callejeras son la primera y primordial amenaza a la seguridad nacional de los EE.UU. ¿Cuál es la primera y fundamental causa del pandillerismo juvenil? Simple: la ausencia del padre – del "buen" padre – en el paradigma familiar. Al final EE.UU. que tanto se jacta de la grandeza de sus "padres fundadores" – George Washington, Tomas Jefferson, Benjamin Franklin, John Adams, Alexander Hamilton y George Madison – caerá no por causa de terroristas islamistas, ni por oleadas de inmigrantes ilegales – como tanto promueve la extrema derecha republicana – sino por sus políticas legales que han eliminado al legado de tales hombres del acervo sociocultural americano.

El padre, el buen padre, es la materialización del arquetipo sabio-guerrero en el hogar-familia; es el que dirige la obra de la imposición de excelencia a todos bajo su mando – conceptos ("dirige", "imposición", "mando") repelentes en una sociedad empapada de los atributos disfuncionales del negativismo desafiante que tanto domina y opera en la cultura latina. "¿Por qué es importante el guerrero?" Oigo, con tono de réplica, a tantas madres – como si no fuese bastante la experiencia de toda una vida que llevaron bajo y con hombres que carecían de aquellos atributos guerreros que logro inculcar en el Instituto; como si las estadísticas que son ejemplares de la realidad de sus vidas tercermundistas no fuese suficiente. Puedo dar respuestas largas o breves. Daré las dos. No hay mejor ejemplo de la importancia de los valores guerreros en acción en una cultura que Japón tras la paliza de la segunda guerra mundial al final de la cual quedó exhausta, su emperador y cabeza de su religión oficial obligado a declararse ya no más deidad sino mortal – equivalente para los Católicos a que el Papa declarase que ya no es el representante de Dios en la Tierra – sus fuerzas armadas desbandadas permanentemente, y ocupada militarmente por el enemigo. No olvidemos la devastación, física y psicológica, de dos bombas nucleares. Pero Japón, debido a su esencia cultural guerrera, embutida en el Bushido – el código del Samurái – no solamente resistió cualquier intento de colonización por parte de sus invasores estadounidenses, sino que de muchas formas logró dominar económicamente a sus subyugadores en el espacio de tres o cuatro décadas, unas dos generaciones; y aún hay países latinos quejándose de la colonización española. Esa es la versión corta de la explicación; ahora a la otra.

¿Cuáles son los atributos del arquetipo del guerrero que declaro prototipo ideal para el padre de familia? (¡Directo de mis apuntes de mi programa de Mente e Identidad del Guerrero Iluminado!) Como arquetipo el guerrero representa casi universalmente ciertos valores idealizados de moralidad, de conducta, de mentalidad, de responsabilidad social.

❖ *En su moralidad el guerrero representa: Honor, Integridad, Sinceridad, Respeto, Justicia, Rectitud.*

❖ *En su conducta el guerrero representa: el Protector, el Guardián o Libertador, el Justiciero, lo Dinámico en oposición a lo Pasivo.*

❖ *En su mente el guerrero representa: Claridad, Valentía, Sentido del Propósito, de la Intención, de la Misión, Responsabilidad, Optimismo, Autonomía, Estado de alerta, Autoconfianza.*

❖ *Y en su sentido de la responsabilidad social el guerrero responde al siguiente código: Si yo no soy para mí, ¿quién será?; Si soy solamente para mí, ¿qué soy?; Si no ahora, ¿cuándo?; Si no yo, ¿quién?; Si no aquí, ¿dónde?*

Con frecuencia para observar los beneficios o la utilidad de unos atributos nos podemos servir de ejemplos de su ausencia. En el mundo latino tenemos muchos. De hecho, ¿cuántos héroes a nivel nacional, o cultural, o transnacional, podemos citar en toda la Hispanidad – Brasil y Portugal inclusive – que nos hayan servido de ejemplo, de modelo de inspiración durante el siglo pasado? ¿Cuántos? ¿Che? ¿Fidel? (¡Ja!) ¿Allende? (¿Sabéis de quién hablo?) ¿Cuántos de la talla de un Gandhi, de un Martín Lutero King, de un Malcolm X, o de un Mandela? ¡Esos fueron/son sabios-guerreros que inspiraron pueblos a superarse! ¡Esos son padres-modelo para la humanidad entera! ¿Cuántos héroes podemos aclamar como latinos? Por falta de héroes ni siquiera los creamos ficticios; todos son productos Made in USA: Batman, Spiderman, Ironman, etc.

Pero si queremos indagar más en los atributos de un buen hombre – padre, lo mismo me da que me da lo mismo – no tenemos que acudir necesariamente a las hazañas de figuras heroicas, podemos acudir a resúmenes literarios de estos atributos. Comencemos por "If" ("Si") – la dedicación de Rudyard Kipling a su hijo:

"Si"

Si puedes mantener la cabeza cuando todos a tu alrededor
están perdiendo la suya y no dejándote de culpar
si puedes confiar en ti mismo aun cuando todos te cuestionan
pero un margen a sus dudas sabes otorgar.

Si puedes esperar y no cansarte en la espera,
o siendo mentido, no caer en la mentira
o siendo odiado no al odio acceder;
pero no parecer demasiado bueno, ni demasiado sabio
te proponer.

Si puedes soñar – y no hacer de los sueños tu señor
si puedes pensar – y no a tus pensamientos entregarte
si puedes encararte con el Triunfo y el Desastre
y a esos dos impostores igualmente tratar.

Si puedes soportar oír la verdad que tú hablaste
retorcida por canallas para con necios engañar,
o ver las cosas a las que tu vida dedicaste, quebradas,
y a reconstruirlas con herramientas desgastadas te
puedes agachar.

Si puedes hacer un montón de todas tus ganancias
y arriesgarlo a una vuelta del azar,
y perdiendo, volver a tus comienzos,
y de la pérdida ni una palabra exhalar.

Si puedes obligar tu corazón y nervio y tendón
a cumplir su turno mucho después de expirar
y así aguantar aun cuando no quede más en ti
salvo la Voluntad que les dicte: "¡Perseverad!"

Si puedes platicar con la plebe y mantener la virtud
o con reyes caminar – y la humildad no ceder
si ni enemigos ni queridos amigos te logran lastimar
si todos cuentan contigo, pero sin echarte a perder.

Si puedes rellenar el inexorable minuto
con sesenta segundos de recorrido por haber
tuyo será la Tierra y todo su contenido,
y – lo que es más – hijo mío, ¡un Hombre has de ser!

Traducción de "If" de Rudyard Kipling por J. A. Overton-Guerra

'¡Un Hombre has de ser!' Madres, padres, ¿Cuántos de vosotros no tenéis ni la menor idea de la madurez mental, emocional, y conductual a la cual se refiere el autor, mucho menos sois capaces de demostrarla, enseñarla, exigirla? Y sin embargo, ese es el menester – el sine qua non ("sin esto no hay") – del BUEN padre. ¿Queréis un Rolex en la muñeca o una imitación de hojalata? ¿Un diamante en el dedo o un trozo de cristal? Lo bueno cuesta. Hay que exigirlo, hay que forjarlo. De hecho, si queremos fijar ya una importante diferencia entre los valores ideales vemos que a las mujeres no se les exigen un control disciplinado sobre sus emociones. ¿A cuántas mujeres no he oído excusar su conducta en las fases de su ciclo menstrual? A las mujeres, por ser tales, se les consiente, se les amplía los márgenes de lo que resulta ser conducta aceptable por el hecho de ser mujer. Lo malo cuando tenemos a

generaciones de muchachos criados por mujeres es que emulan al género femenino en su consentimiento emocional – "¡Es que me hiciste enojar! ¡Me estresas! ¡Me tienes harto!" – completamente inaceptable para un HOMBRE. ¿Por qué el guerrero? Porque estar al mando de una organización, de cualquier tipo, no permite ese tipo de consentimientos, y los únicos modelos transculturales de autocontrol mental, de disciplina, de falta de auto-consentimiento son precisamente las tradiciones guerreras de cualquier cultura. Esos valores típicos de las castas guerreras no están típicamente incorporadas en el acervo cultural femenino salvo, claro está, en las culturas y sociedades donde se cultivan guerreros entre los hombres. Ejemplo: La primera vez que oí la frase, "Con tu escudo o sobre él", fue en la voz de mi propia madre a mis cuatro años de edad cuando iba a salir a la calle a jugar por primera vez sin el cuidado de mi padre. Yo ni sabía ni tenía idea de lo que era un 'escudo' entonces, pero pronto lo supe. Era la frase famosa con el que la madre espartana, legendaria por la función que desempeñaba en la formación de guerreros más celebrados de la historia occidental, enviaba a sus hijos a la guerra: perder el escudo en batalla era símbolo de la cobardía de la huida, de la deserción; y los espartanos caídos en batalla se traían cargados sobre sus escudos.

¿Otro ejemplo literario de valores guerreros? Con gusto. Este es del dramaturgo del Siglo de Oro español, Pedro Calderón de la Barca, ex-soldado, al igual que Cervantes y Lope de Vega:

El soldado español de los Tercios

Este ejército que ves
vago al hielo y al calor,
la república mejor
y más política es
del mundo, en que nadie espere
que ser preferido pueda
por la nobleza que hereda,
sino por la que el adquiere;
porque aquí a la sangre excede
el lugar que uno se hace
y sin mirar cómo nace
se mira como procede.

Aquí la necesidad
no es infamia; y si es honrado,
pobre y desnudo un soldado
tiene mejor cualidad
que el más galán y lucido;
porque aquí a lo que sospecho
no adorna el vestido el pecho
que el pecho adorna al vestido.
Y así, de modestia llenos,
a los más viejos verás
tratando de ser lo más
y de aparentar lo menos.

Aquí la más principal
hazaña es obedecer,
y el modo cómo ha de ser
es ni pedir ni rehusar.

Aquí, en fin, la cortesía,
el buen trato, la verdad,
la firmeza, la lealtad,
el honor, la bizarría,
el crédito, la opinión,
la constancia, la paciencia,
la humildad y la obediencia,
fama, honor y vida son
caudal de pobres soldados;
que en buena o mala fortuna
la milicia no es más que una
religión de hombres honrados.

Madres, ¿cuántos de vuestros varones, padres del mañana o de hoy, son *"vagos al frío o al calor"* y no niños chípil que viven de comodidad en comodidad? ¿Sabéis cultivar ese estoicismo en vuestros hijos mediante ejemplo propio o por exigencia – lo dudo – o por lo contrario os esmeráis, con dedicación apasionada, a revestir a vuestros *"bebés"*, no importa la edad, de toda la comodidad material, física y emocional posible? ¿Cuántas madres ni reconocen el valor de *"Aquí la más principal hazaña es obedecer, y el modo cómo ha de ser es ni pedir ni rehusar"*? ¿Cuántas no inculcáis esos *atributos (guerreros) en vuestros hijos? ¿Cuántos ni permitiríais a un padre hacerlo sin darle batalla sin cuartel o hacer de su existencia un suplicio robándole su autoridad delante de sus propios hijos y a sus hijos de la oportunidad de aprender y valorar tales indispensables atributos?*

Y sobre Pedro Calderón de la Barca tengo algo más que decir. Alistó en un Tercio español a los 40 años de edad por puro patriotismo. "Patriotismo", es decir, amor a la "patria". "Patria" de "pater", de "padre". Sin "patriotismo" no habrá "patrimonio" nacional para las generaciones futuras. El buen padre fomenta el patriotismo en sus hijos, inculca ese sentido del deber, de consciencia, de identidad y de unidad nacional, de dedicación a otros, a la causa de la comunidad y no sólo al de su bolsillo, de su panza, o de los impulsos de su bragueta. El buen padre sabe inculcar en sus hijos el sentido del sacrificio del deber más allá de las emociones personales. ¿Acaso no es ese el ejemplo que valoran tanto los cristianos – católicos, ortodoxos y protestantes – en su Dios al sacrificar a su único hijo por una gran causa, por la "salvación" humana? Aquí os incluyo otro ejemplo de "hombría", sacada de mi "Bitácora Volumen I", un ejemplo de la dedicación al deber, al honor por parte tanto de un padre como de su hijo. El evento corresponde a una anécdota real transcurrida durante la guerra civil española. Se dio el caso de un coronel que defendía su posición en el Alcázar de Toledo, que sitiada por el enemigo, acababa de sufrir un bombardeo constante de 42 días seguidos. El enemigo logró capturar al hijo del coronel y se produjo el siguiente famoso intercambio telefónico:

—*Habla el jefe de las milicias populares.*

—*Aquí, el coronel Moscardó.*

—*Son ustedes responsables de todos los crímenes que están sucediendo. Le doy diez minutos de plazo para que se rinda. Si no lo hace, fusilaremos a su hijo Luis, que está prisionero en nuestras manos.*

— *Lo creo.*

— *Para que vea usted que es verdad lo que digo, se va a poner al aparato.*

— *¡Papá!*

— *¿Cómo estás, hijo mío?*

— *Dicen que me van a fusilar si no te rindes.*

— *¿Y tú que piensas?*

— *Que no te debes rendir, papá. ¡No importa que me fusilen!*

— *No esperaba menos de ti, hijo mío. Encomienda tu alma a Dios y muere como un patriota.*

— *¡Un beso muy fuerte, papá!*

— *¡Un beso muy fuerte, hijo mío!*

(Moscardó al jefe de las milicias:)

— *Puede usted ahorrase el plazo que me ha dado, porque el Alcázar no se rendirá jamás.*

Y con eso colgó el teléfono. Luis fue fusilado, pero el Alcázar no se rindió. Tras aguantar 70 días de sitio constante por tierra y por aire, llegaron los refuerzos que repelieron el asedio y liberaron al coronel y sus hombres. El coronel, emergiendo de las ruinas del edificio, se apresuró a dar las novedades al general con una frase que ha llegado a los anales de la historia como ejemplo de la dedicación y la disciplina marcial que tanto ha caracterizado a las tropas profesionales de los ejércitos de España: "Mi general, sin novedad en el Alcázar." (Véase una historia breve del Alcázar de Toledo en http://www.gibralfaro.uma.es/historia/pag_1563.htm.)

Bien, ¿cuántas personas, madres o padres, reconocen la hombría de ambos padre e hijo bajo las circunstancias? ¿Y cuántos de ustedes no hubieran cedido su mando para rescatar a su hijo sin considerar que los soldados a su cargo son también hijos de padres y madres ajenos a los que quizás acabaríais condenando a tortura o a muerte por vuestra falta de HOMBRÍA? Estoy muy orgulloso al decir que todo hijo mío, varón o mujer, presentado con esta anécdota histórica ha respondido igual: "Mi padre no cedería su mando y yo no se lo pediría".

El buen padre con la clara visión del capitán que conoce el rumbo, las aguas, los vientos, convierte a la familia en un campamento de disciplina, en una academia de aprendizaje, y en un templo de valores para el cultivo de individuos excelentes, de sabios guerreros-poetas: maestras tigresas y guerreros dragones, individuos sensibles pero fuertes, compasivos pero dedicados, obedientes pero de consciencia, individuos pero ciudadanos. Eso se desconoce aquí. "¿Dónde están los buenos hombres?", oigo quejarse a tantas mujeres. Los 'hombres' – olvidémonos de 'buenos' y seamos generosos con lo de 'hombres' - de hoy están donde vosotras les habéis criado para que estuvieran: jugando sus juegos electrónicos, embarazando a mujeres, bebiendo en los bares, y viendo espectáculos de 'strip tease'. ¿Queréis hombres? Os dedico la siguiente anécdota: Se dio el caso, en la antigua Grecia, de una mujer de la polis de Ática que le preguntó a otra de Esparta que por qué ellas eran las únicas mujeres que mandaban de entre sus hombres, a lo que la mujer espartana respondió: "Porque somos las únicas mujeres madres de hombres". Moraleja: madres latinas, no os quejéis de hombres machistas y egoístas, ¡vosotras los criais! Me preguntaron el otro día que si mi padre fue buen padre. En la medida en que sin su disciplina, enseñanza, y dirección no sería yo el HOMBRE que soy, es evidente que sí. Pero la otra cara de mi respuesta es "en la medida en que mi madre apoyó y complementó sus esfuerzos", la respuesta también es sí."

Pero si el buen padre está al mando de la familia, la mujer está al mando de la sociedad, de la nación, de la cultura. El mercado de valores sociales y culturales también está sujeto a la ley de la oferta y de la demanda. Las madres sois responsables por inculcar en vuestras hijas los estándares del tipo de varones que acogen en sus lechos. Madres, ¿acaso enseñáis a vuestras hijas a preguntarse si el hombre con el que se acuestan es el modelo de hombre que quieren para sus hijos o solamente el motivo de un fascinación pasajera o de una intoxicación repentina? Y para las madres de esa generación de adoradoras de Justin Bieber, ¿acaso enseñáis a vuestras hijas que cada acto sexual no es sino el potencial de la incubación de un nuevo ser y que ese individuo resultará en *imagen y semejanza a aquellos que lo engendraron? Finalmente, ¿cómo escogisteis al padre de vuestros hijos? ¿Era el modelo de hombre que queríais para vuestros hijos futuros, el objeto de una pasión, o el boleto a una seguridad emocional, económica, o las dos? Conocemos bien el problema, pero la solución la tenéis vosotras: Si no sois parte de la solución, sois el problema.*

He Dicho. Así Es. Y Así Será.

♯ "Bien. Gracias Fernando. ¿Todos lo entendieron? ¿Alguna pregunta? Sé que no es fácil entender todo lo que el autor plantea porque es de esos escritores muy filosóficos y psicológicos a los que hay que leer varias veces para comprender las capas de lo que expone, y espero que se tomen el tiempo de hacerlo antes de la semana que viene. Pero mientras, ¿alguna pregunta? ¿Algún comentario?"

Por unos largos momentos un pesado silencio encubrió el salón, un silencio lleno de desacuerdos, de preguntas, de caras vacías y de mentes confundidas y ausentes, un silencio finalmente interrumpido por la voz estridente y descontenta de la Sra. Ceballos:

♯ "Lo que no entiendo es por qué los hombres para sentirse hombres tienen que ser fuertes, y valientes, y desafiarse. ¿Es que se sienten tan insuficientes sin tener que demostrar su hombría a cada rato? ¿Cuál es el mecanismo o complejo de inferioridad que mueve a los hombres a tener que demostrarse superando desafíos, escalando montañas, cruzando mares, levantando pesas? ¿Por qué no pueden ser como las mujeres? ¡Nosotras no nos tenemos que desafiar para sentirnos mujeres!"

¤ "O sea, tu pregunta se reduce a '¿por qué los hombres son hombres y no mujeres?'", respondió Don Juan, provocando risas y sonrisas en todos salvo en la doña misma.

¤ "No, solamente que no sé por qué los hombres sienten la necesidad de retarse para considerarse hombres. Me suena todo eso muy machista", contestó fuertemente la Sra. Ceballos.

¤ "Sí, ya quedó obvio que no lo entiendes, y por eso mismo es tan importante que acudas a este programa, para que entiendas exactamente por qué, para ser y sentirse hombres, los hombres que lo son precisan de desafíos – y nada tiene que ver con machismo, sino con evolución."

¤ "¿Y si no creemos en la evolución?", respondió la Sra. Ceballos, ocasionando gestos de concordancia entre algunas de las presentes y agotando la paciencia del presentador.

¤ "Pues si no creen en la evolución nunca van a entenderse ni a sí mismas, ni a sus hijos, ni a sus relaciones con sus maridos y esposas, ni mucho menos a sus hijos varones. Miren, si no creen en la evolución es su problema, pero entonces deberían ir al sacerdote de su Iglesia para que les ayude con sus problemas psicológicos – no digamos los de su familia – porque la psicología es una ciencia y como tal rechazo como ignorancia suprema el mito de la Creación por un Ser Supremo. Nada en la medicina, o en cualquier disciplina que derive de la biología, tiene sentido alguno sin la evolución como base. Hemos sobrevivido como especie a lo largo de los millones de años de nuestra evolución dependiendo de ciertos atributos naturales, entre ellos el espíritu de conquista del varón de la especie. Para sobrevivir nos ha hecho falta ese mismo espíritu de desafío y de superación que se manifestaba en la caza de animales más grandes y extremadamente peligrosos; en la exploración de nuevos territorios superando ríos, montañas, desiertos y mares; en la defensa de su territorio de otros animales ya fuera de nuestra propia especie o de otras. Cazadores, conquistadores, exploradores, guerreros, todo parte del patrimonio genético del hombre. Lo aceptemos o no, les parezca absurdo a las mujeres o no, simplemente es la realidad de nuestro género", respondió Don Juan, anticipando la siguiente pregunta de la Sra. Ceballos y sintiendo el jaque mate a tres jugadas ya.

¤ "Sí, pero ya no necesitamos ni la caza, ni la guerra ni hay por qué andar por aquí escalando montañas arriesgando el pellejo inútilmente. A eso me refiero. ¡Son todos unos inmaduros!", replicó enérgicamente la Sra. Ceballos.

¤ "Sí, todo eso que me dices es cierto. Pero ese impulso de conquistar, de dominar, se ha manifestado de formas muy necesarias también para nuestra especie. Se ve en escritores como Cervantes o Alejandro Dumas, o Dostoyevski, a la hora de superar todo tipo de desafíos y adversidades para lanzar la siguiente gran novela; como el inventor Thomas Edison, superando fracaso tras fracaso hasta por fin dar con el elemento necesario para inventar la bombilla; se ve en los pintores famosos como Picasso, Dalí, Velázquez; se ve en Leonardo Da Vinci, en Beethoven, en Mozart, en los hombres responsables por nuestra era espacial. Rocío te guste o no, lo entiendas o no, los hombres somos conquistadores por naturaleza, por evolución, y o nos lanzamos a las grandes conquistas y desafíos que sean sino productivas al menos digamos inofensivas, o nos vamos a lanzar a conquistar el fondo de una botella o la entrepierna de toda falda que se nos ponga por delante. ¡Pero conquistar vamos a conquistar! Y déjame hacerte una pregunta para la cual ya sé la respuesta."

- "Dígame."
- "¿Cuál es tu película favorita en la cual según tú, se ven los mejores atributos de un hombre?"
- "Usted ya sabe la respuesta a esa pregunta."
- "Sí, pero para dejar algo claro necesito que la digas tú."
- "Gladiador."
- "Gladiador."
- "¡Sí! ¡Gladiador!" Casi todas las cabezas y caras femeninas mostraban su completo o al menos parcial acuerdo.
- "¿Y después?"
- "El último Samurái. ¡Pero también me encanta *'Memorias de una Geisha'*!"
- "Claro que te encanta, y a mí también, pero no es una película donde destaquen los atributos de un hombre", respondió Don Juan sonriente, para añadir, ahora dirigiéndose al grupo: "¿Ven? Mientras que nosotros los hombres tenemos ese

impulso natural a ser héroes, ¡las mujeres tienen el correspondiente impulso natural a adorarlos y a apasionarse por ellos! ¿Tengo que decir más?"

Las carcajadas nerviosas que más bien sonaban como el cacareo de un gallinero alborotado lo decían todo. Y mientras que las mujeres intercambiaban sus comentarios sobre la musculatura y la masculinidad general de sus héroes cinematográficos favoritos, el interlocutor permitió que el efecto deseado se esparciera y arraigara entre las presentes.

'Jaque mate', pensó Don Juan, antes de continuar con su presentación.

CAPÍTULO 4

Padre Mío Que Estás en la Tierra...

- ¤ "¿Y bien?"
- ¤ "¿Cómo qué 'y bien'?"
- ¤ "¿Qué parte de 'y bien' no comprendiste? ¿La 'y' o el 'bien'?"
- ¤ "¡Jaja! Ay Papá, entendí los dos. Lo que no entiendo es por qué me hablas como si tuviera yo algo entre mandos o por la manga. ¡Vengo en son de paz!"
- ¤ "¿Vienes en son de paz?"
- ¤ "Sí."
- ¤ "Está bien."
- ¤ "¿No me crees?"
- ¤ "En absoluto, pero para el caso da lo mismo. Seguiremos con el protocolo preestablecido y ya me harás saber lo que quieres."
- ¤ "¡Qué mal pensado eres! ¿Qué te hace pensar que quiero algo?"
- ¤ "Porque eres mi hija, y a diferencia de la mayoría, de la inmensa mayoría de los padres, estuve ahí cuando naciste, he cambiado más pañales tuyos que tu propia madre, te conozco, y encima como profesional de la mente me especializo precisamente en psicología femenina. Por eso *sé* que andas tramando algo. ¿Así que por qué no vas al grano y me dices lo que quieres y así puedo continuar con mi trabajo de investigación de campo?"
- ¤ "¿Investigación de campo?"
- ¤ "Claro. Mira a tu alrededor. Estamos en un parque de la ciudad rodeados de gente paseando, sentados, comiendo es cada una de las docenas de quioscos que hay en cada esquina, unos recostados en el césped… y mira, ahí en la plaza que hay en el

centro del parque, ¿ves al tipo que está disfrazado de uno de la banda *Kiss* tocando en el teclado electrónico?, ¿no oyes lo que canta?"

⌑ "Sí, sí lo oigo: '*si tu novia no te da, déjala, déjala, si tu novia no te da, déjala, déjala*'."

⌑ "'*Virginia dame ya, dame ya, dame ya; Virginia dame ya que es normal, es normal*'. ¿Ves? Todo tipo de sabiduría popular se asimila aquí observando la cultura."

⌑ "¿No me vayas a decir que esto es parte de tu investigación profesional?"

⌑ "Si vas a ser un psicólogo que valga un peso de su peso, vas a tener que darte cuenta que la primera causa de la enfermedad mental es el estado de insalubridad social en la que vivimos. La inmensa mayoría de los problemas de la gente no son originados en ellos sino en sus familias, comunidades, sociedad, y forman parte de la esencia de la cultura. Si vas a ayudar a la gente tienes que conocer su cultura."

⌑ "No dijo Freud algo así como '*La gran pregunta que nunca ha sido contestada y que todavía no he podido responder, a pesar de mis treinta años de investigación sobre el alma femenina, es '¿Qué quiere una mujer?*'. ¿No fue algo así?"

⌑ "Hasta palabra por palabra. ¿Y eso qué tiene que ver con que yo sepa que no has pedido reunirte conmigo para acaramelarme y pedirme algo?"

⌑ "¿Tú crees saber más que Freud?"

⌑ "Freud está muerto y por lo tanto no sabe nada."

⌑ "¿Me refiero a cuando estaba vivo, crees saber más que Freud en cuanto a las mujeres?"

¤ "Es obvio que Freud en sus 30 años de práctica tuvo limitada experiencia con mujeres."

¤ "¿Menos experiencia personal que tú? ¡Casi cualquiera!"

¤ "¡Vaya, vaya, vaya! ¿Hasta cuándo me vas a pedir algo te cuesta ocultar el aguijón, verdad? ¿Cuánto tiempo llevamos conversando?", preguntó Don Juan mirando el reloj mientras que paseaban lentamente la maraña de senderos que entrecruzaban el parque. "¡Ni tres minutos y ya empiezas!"

¤ "Lo siento, eso estuvo fuera de lugar. ¿Pero qué quieres? Soy una mujer."

¤ "Ser mujer es tu licencia a la irracionalidad, ¿eso es lo que me quieres decir?"

¤ "No me gusta como tratas a las mujeres en tu vida."

¤ "¿Has venido aquí a ocupar mi tiempo personal para salirme con esa estupidez?"

¤ "No, no, claro que no, solamente quería que supieras de dónde me salen esos comentarios."

¤ "Sé perfectamente de donde salen. De toda esta porquería feminista que tienes metida en la cabeza y que te entupida el raciocinio tanto que no sabes ni lo que quieres ni mucho menos lo que significa ser mujer."

¤ "¿Pero tú sí? Lo que significa ser mujer, digo."

¤ "Precisamente, por eso las mujeres acuden a mí, precisamente por eso, sí. Para que les ayude a aclararse y aprender qué es lo que quieren."

¤ "No me gusta como tratas a las mujeres y ya. ¡Y no hay nada que me vayas a decir que me va a convencer de lo contrario!"

¤ "¿Pero tú te das cuenta de cómo suenas? ¿Luego tienes la desfachatez de reclamarme por qué no paso tiempo contigo? ¿Quién demonios te crees que eres para juzgarme a mí en cuanto a mi vida personal? ¡Ni tu abuela se mete en eso!"

¤ "¿Cómo crees que parece a tus alumnos o pacientes que te ven cada dos por tres con una 'amiga' nueva?"

¤ "Para comenzar, a los varones quizás les de envidia, y a las mujeres quizás celos. Pero, ¿qué te hace pensar que a mí me importa lo que ellos vayan a creer? ¿Te importa a ti lo que opino yo de los sapos con los que siempre has salido, incluyendo tu ex-marido?"

¤ "Eso es diferente. Además no eran sapos; bueno, al menos no todos."

¤ "Mira niña..."

¤ "¡No soy una niña! ¡Soy una mujer!"

¤ "¡Pues comienza a comportarte como una! ¡Comencemos por el principio! ¡Uno: no eres mi madre, ni mucho menos mi esposa, ni siquiera eres mi novia para irme criticando por cómo vivo mi vida! ¡Dos: no eres una 'mujer', eres mi hija! Para el resto del mundo lo serás, pero aquí, cuando estés en mi presencia y tratando conmigo eres mi hija y lo serás siempre; que seas una adulta no te lo discuto y mientras que te comportes como una te trataré como tal, pero antes de tu género siempre va primero tu relación conmigo y el respeto que me debes porque me lo he ganado. Si tienes alguna queja de cómo he cumplido contigo en cuanto a mis obligaciones como padre, adelante, pero en cuanto a mis relaciones con el resto del mundo, incluyendo con aquellos individuos de tu propio género eso queda entre ellas y yo. No te incumbe a ti para nada. ¿Queda claro?"

⌷ "¡Me incumbe cuando se trata de una de mis amigas!"

⌷ "¡Jajajajaja! ¿Eso fue hace cuánto? ¿Doce años?"

⌷ "Diez."

⌷ "¿Y acaso tu amiga no era un adulto?"

⌷ "Sí."

⌷ "¿Acaso no era toda una 'mujer', con educación universitaria y todo?"

⌷ "¡Pues sí, claro que era una mujer! ¡Ni modo que mi 'amiga' fuera un hombre!"

⌷ "O sea, que no era ni una menor de edad, ni una deficiente o discapacitada mental."

⌷ "¡Claro que no! ¿A dónde quieres llegar con eso? ¿Eso te excusa?"

⌷ "¿Cómo que si eso me excusa? ¡¿Desde cuándo tengo que pedirle permiso a mi hija para decidir con quién puedo o no puedo acostarme?! ¡Esto es demasiado ya! ¡Es lo que pasa con las malditas feministas, sois el género débil cuando os conviene, pero sois iguales a los hombres también cuando os conviene!"

⌷ "¿Y me hablas a mí de lógica en tus argumentos? ¿De dónde salió eso?"

⌷ "Simple. Según vosotras las mujeres tienen los mismos derechos que los hombres, pero aquí me acusas de haber hecho algo inapropiado puesto que era una mujer más joven que yo. O sea, que de alguna forma 'tome ventaja de ella' al tener relaciones sexuales consensuales. O sea, que a pesar de que ella era una adulta, inteligente, y educada… lo suficiente adulta, educada, e inteligente para ser tratada igual que un hombre, ¡de pronto en cuanto a su sexualidad es Caperucita Roja que necesita protección del Lobo Feroz! Seguro que si hubiera sido al revés, dirías que el joven varón tomó ventaja de la soledad de la mujer mayor para saciar su impulsos sexuales con ella."

¤ "No seas ridículo. En el caso del joven varón yo no diría tal cosa. Solamente diría que obvio que era un desesperado demente que no daba ni una con las mujeres de su propia edad, así que tuvo que ir asaltando asilos. Eso diría."

¤ "¡Uf!"

¤ "Además, siempre te he querido preguntar, ¿orgasmos con los pezones?"

¤ "Quien…"

¤ "¡Así que era cierto! ¿Cómo lograste dar con eso?"

¤ "Una lesbiana."

¤ "¿Paciente tuya?"

¤ "No me acuesto con mis pacientes."

¤ "¿Entonces?"

¤ "Para mí hizo una excepción."

¤ "¿Y cómo funciona eso?"

¤ "¿Qué quieres detalles?"

¤ "¡No, no gracias! ¡Soy tu hija!"

¤ "¡Vaya! ¡Por fin te acuerdas!"

¤ "Nunca me olvido. Solamente que alguien tiene que decirte cuando estás haciendo el ridículo, ¿no crees?"

- ¤ "¿Qué? Para empezar no, no lo creo. Y segundo, si le tocara alguien decírmelo no sería una hija mía. ¿Sabes qué? Creo que esta reunión está llegando a su debido fin. Te has lucido. ¡Has logrado que te mande al demonio *antes* de pedirme lo que quieres!"

- ¤ "¿Cómo ha llegado a su 'debido fin'?"

- ¤ "¡Sí, a su 'debido fin', que es cuando por fin me agotas tanto la paciencia y que te mando de nuevo al carajo porque por más que intento pasar tus estupideces por alto insistes en recordarme exactamente por qué solamente nos vemos en años bisiestos."

- ¤ "¡No! ¡Por favor! Es que sí necesito algo."

- ¤ "¡Qué ovarios tienes! ¿Te das cuenta de que ningún hijo varón mío se atrevería a hablarme así, como tú me hablas?"

- ¤ "Totalmente. Porque ellos no se atreven y yo sí."

- ¤ "¿Eso lo llamas atreverte? ¡Cómo el que se 'atreve' a entrar en la jaula del tigre pero solamente porque está bien atado, sin uñas y con bozal! ¡Tú solamente te atreves porque te escondes detrás de ese escudo protector que va con tu género femenino! Eso no es valor, sino el peor de las cobardías."

- ¤ "¿Cobardías?"

- ¤ "¿Si fueras un varón te atreverías a hablarme así?"

- ¤ "Claro que no, porque conociéndote como te conozco ya me hubieras cruzado la cara."

- ¤ "¿Ves? ¿Y al final, quién es más ridículo? ¿El que llama 'ridículo', o la persona que acaba haciendo el ridículo mientras esperaba pedirle un favor al que acaba de llamar un 'ridículo'? Lo siento Jana, pero dudo mucho que este padre tuyo tan 'ridículo' como lo ves aquí sea ni capaz ni muy interesado o dispuesto a levantar un solo dedo por ti en este momento o en cualquier futuro previsible."

⨳ "¡Pero aún no has oído lo que te iba a pedir!"

⨳ "¿Ves lo que te digo de las feministas? ¡Queréis nadar y guardar la ropa; queréis tirar la piedra pero esconder la mano! ¡Queréis beneficiaros de vuestro status de mujer, de damisela en peligro, por un lado tener todas las protecciones y los privilegios correspondientes, pero por otro lado queréis ser iguales a los hombres en todo lo que os conviene!"

⨳ "¡Otra vez dale con lo de las feministas!"

⨳ "¿Sabes cuándo empecé a darme cuenta de que de verdad había una tremenda diferencia entre la mente femenina y la masculina?"

⨳ "¿Cuándo leíste *'Hombres son de marte y mujeres de venus'*?"

⨳ "Ja-ja-ja. No, nada tan sutilmente fantasioso. Además, deberías leer esta *'Odd Girl Out, Revised and Updated: The Hidden Culture of Aggression in Girls'*, no creo que se encuentre en castellano pero para ti eso no es problema.

⨳ "¿De qué trata?"

⨳ "Pues como dice el título, sobre la cultura oculta de la agresión femenina. Algo que comencé a descubrir empíricamente contigo cuando tú tenías apenas dos años de edad."

⨳ "¿Y qué pasó cuando yo tenía 'apenas dos años de edad'?"

⨳ "Un día estábamos tu madre, tu hermano, tu y yo, bajando las escaleras de la estación del metro, cargados de la compra, hambrientos, y helados del frío, cuando de pronto oímos que se acercaba el metro. Tu hermano era un bebé y yo lo iba cargando en un brazo pero tú ibas andando y agarrada de mi mano izquierda, mientras tu madre llevaba las bolsas de la compra en la carriola."

¤ "Creo que mamá me contó algo de esto…"

¤ "Empezamos a bajar las escaleras a toda prisa pero tú te negabas a moverte porque querías que te cargara en brazos…"

¤ "Ah sí. ¡Ya me acuerdo!"

¤ "¿Ah, te acuerdas? No tuve más remedio que elevarte en el aire de la mano para bajar los escalones a toda prisa y aun así apenas conseguimos ganar al metro antes de que cerraran las puertas."

¤ "Sí es cierto. Mamá me lo ha contado varias veces."

¤ "Una vez sentados empezaste a quejarte de tu hombro derecho, del hombro del brazo de donde te había elevado. A cada momento te quejabas más y más hasta que para cuando por fin llegamos a casa estabas llorando porque no podías mover el brazo y te dolía y te dolía. Tuve que llamar a un taxi, llevarte a un hospital de emergencia… ¿Te hace gracia esto?"

¤ "Pues sí, como fuiste vencido prácticamente por una bebé."

¤ "Entró el doctor, le expliqué lo sucedido y empezó a examinarte. Por supuesto yo me sentía horrible y sudaba no de calor, sino de pura vergüenza. Total que el doctor te examina el hombro, tú lloras y gritas cada vez que te mueve el brazo en lo más mínimo, hasta que el doctor se disculpa de pronto y sale de la sala un momento. Yo estaba convencido de que me iba a mandar arrestar por maltrato infantil o por violencia doméstica o algo así y que alivio cuando no regresa acompañado del policía de guardia sino con la mano escondida detrás de la espalda. De pronto se acerca a al lado derecho de donde estabas sentada en la camilla y de la nada saca una galleta de chocolate. Milagrosamente extendiste la mano del mismísimo brazo que hace segundos tenías paralizada de dolor y agarraste la galleta sin esfuerzo alguno y tan feliz te la comiste. Me sentí como un perfecto idiota."

¤ "Jajajaja. ¡Buena lección!"

¤ "¿Buena lección? ¡Otro médico menos despabilado en psicología infantil femenina y yo podría haber acabado en la cárcel!"

¤ "Buena lección para que aprendieras a no meterte con los pequeños – ¡tenemos mañas!"

¤ "Ya aprendí. Pero esa ha sido la historia de nuestra relación, Jana, yo presionándote para que avanzaras y tú resintiéndome por ello y viendo la forma de manipular a todo y a todos para vengarte de mí donde más me pudiera doler. Pero lo que es más, ahí, siendo yo todavía un adolescente, es cuando empecé a darme cuenta de lo que Freud no entendía de las mujeres."

¤ "¿Y eso qué es?"

¤ "Primero, que la mayoría no tenéis ni la menor idea de lo que queréis y que en el fondo buscáis al príncipe encantador que os sepa rescatar de vosotras mismas. Sobre todo hoy en día. Queréis un hombre fuerte, decidido, heroico, pero luego le acusáis de machistas; por otro lado queréis que el hombre sea sensible, dócil, y tímido – pero si lo es lo despreciáis por débil; queréis vestiros para lucir vuestra sensualidad de un modo que vuestras mismas abuelas os llamarían prostitutas, pero os indignáis cuando los hombres os miran como carne; queréis ser libres e independientes pero os molestan que los hombres no quieran compromisos. En el fondo queréis que los hombres dejen de ser hombres y se conviertan en una especie de plastilina andrógina a vuestra conveniencia pero luego los despreciáis por no tener dirección en la vida ni firmeza de carácter. ¿Continúo?"

⚤ "No en eso capto la onda, y lamento tener que darte la razón. No sabemos lo que queremos en un hombre."

⚤ "En el fondo sí sabéis lo que queréis, queréis lo que toda mujer ha querido por instinto, el gran héroe guerrero-romántico al cual os podéis entregar pero por cultura os despreciáis por ello. Todo el movimiento feminista que quieras pero seguís apasionándoos por actores, artistas, atletas, cualquier hombre que se destaque como grandioso en lo que hace os barre de los pies. ¡Hasta piojos con cabello como Justin Bieber tienen sus fanáticas seguidoras!"

⚤ "¡Jajajaja! Nunca había oído eso, 'piojos con cabello'. ¿Es tuyo?"

⚤ "¡Me salió del alma en el momento! Así me tienes de irritado. ¿Acaso has visto alguna vez a hombres montando espectáculos semejantes porque salgan sus cantantes o actrices favoritas? ¡Por favor!"

⚤ "¡Jajajaja! Es cierto, pero tú sabes que yo nunca fui así. Bueno, a mí me gustaba Sean Connery."

⚤ "A todas las mujeres les gustaban Sean Connery – aun en sus sesentas. Por lo menos era varonil, sofisticado, refinado, ¿pero Justin Bieber?"

⚤ "Lo sé. Es patético. Totalmente de acuerdo."

⌑ "¿Pero ves como sabéis lo que queréis en un hombre? Pero no queréis aceptar que el héroe mítico no va a doblegarse a cada capricho."

⌑ "Jajajaja. ¿Y por qué no?"

⌑ "Porque el amar a una mujer no es ceder la dignidad. Ese hombre heroico si lo es tendrá opciones, ¿entiendes?"

⌑ "Bueno, bueno, ya cálmate. No quiero discutir esto más contigo. ¿Y lo segundo?"

⌑ "¿Segundo qué? Ya me harté con lo primero."

⌑ "Jajajaja. Papá eres incorregible. ¿Hay algún momento en el que no estés dando clases? Dijiste lo primero, tiene que haber un segundo."

⌑ "Lo segundo es que vosotras manejáis unas dimensiones mentales que la mayoría de los hombres ni siquiera se imaginan posibles. Te molestaste conmigo porque te metí prisa, porque no te cargué como a tu hermano y me lo hiciste pagar - ¡con solamente dos años de edad! A ningún varón se le ocurriría tal teatro ni sería capaz de lograrlo. ¿Te acuerdas cuando tenías como nueve años y me demostraste como podías echarte a llorar a voluntad? ¿Que solamente concentrándote podías empezar un chorro de lágrimas?"

⌑ "Es que soy única. Jajajaja. ¡Nunca debí haberte mostrado eso!"

⌑ "Única... Sí, pero no. ¿Quieres saber por qué soy un experto en psicología femenina? En buena parte gracias a ti. Me abriste los ojos de la forma más dolorosa a la realidad mental de tu género. ¿Te acuerdas cuando estabas en el tercer grado de primaria, y me contaste lo que sucedió ese día cuando las chicas de tu salón estabais jugando en el recreo con un balón de una de ellas, y lo que hicisteis cuando la dueña se enfadó con las demás chicas y os quitó el balón y ya no os dejó jugar más con él?"

¤ "No, no me acuerdo."

¤ "¿No? ¿Y luego os dedicasteis todas a atormentarla con burlas e insultos hasta lograr hacerla llorar?"

¤ "¡Ah sí!"

¤ "Y te pregunté que por qué, por qué no simplemente quitarle el balón y seguid jugando. ¿Te acuerdas de lo que me dijiste?"

¤ "Más o menos."

¤ "Me dijiste que el propósito de jugar con el balón era para divertirse y que como esto era mucho más divertido os olvidasteis todas por completo del balón y os dedicasteis a atormentar a esa pobre chica."

¤ "Sí, ahora sí me acuerdo. ¿Y qué? Ya sabes que la 'agresión relacional' es muy común entre mujeres, somos expertas desde el kínder en manipular las relaciones de compañeras para orillar a alguna chica que no nos caiga bien. Es parte de cómo las mujeres expresamos entre nosotras nuestro poder. ¿Y? Eso no es nada nuevo para cualquier mujer y no lo debería ser para ti − si es que sabes tanto de mujeres como das a entender."

¤ "Ah, claro que no me sorprende, en lo más mínimo. Aunque cuando tú eras niña debo admitir que era tan ignorante en ese aspecto de la psicología femenina como cualquier hombre. Tú me empezaste a abrir los ojos. Fíjate que no fue hasta mediados de los noventas, cuando tú ya eras una adolescente, cuando empezaron a salir artículos y estudios al respecto. Pero yo tenía experiencia personal de cómo ese tipo de manipulaciones maestras eran mucho más sofisticadas y sutiles de lo que indicaban los estudios. Descubrí leyendo cierto artículo que el juego de poder social femenino es obtenido a base de la manipulación psicológica que llaman la agresión relacional comienza en el kínder, en el pre-escolar. Así que cuando me la jugaste a tus dos años eras precoz, eso sí, pero no un 'monstruo' como inicialmente pensé."

¤ "¡¿Llegaste a pensar que yo era un monstruo!?"

¤ "Sin comentarios – salvo acuérdate que cuando tú naciste yo todavía era un adolescente – desde entonces ha llovido mucho."

¤ "Pero si tú dirías que ese tipo de estrategia indirecta es una simple adaptación evolutiva dado que el poder manifiesto, evidente ha estado casi siempre en manos de los hombres por ser físicamente más fuertes, así que las mujeres tuvieron que desarrollar un tipo de poder más sutil, menos obvio pero igualmente efectivo, para nivelar la balanza de poder entre los géneros, empleando algo que manejamos mucho mejor que los hombres."

¤ "Las emociones."

¤ "Exactamente."

¤ "Muy bien. Sobresaliente; veo que algo aprendiste en mi clase de 'Psicología de la Evolución'. ¿Y cómo explicarías entonces que las principales víctimas de esta agresión relacional son las mujeres mismas?"

¤ "Tú dirías, de hecho llegaste a decirlo, que es porque somos seres principalmente polígamos y en una situación de harén las féminas tienen que competir entre sí para acceso al macho alfa, pero sin escándalos físicos, es decir, obvios, para no llamar la atención del macho y evitar así enfrentamientos con él."

¤ "¿Y tú qué dirías?"

¤ "Yo diría que hay que tener cuidado con emplear argumentos biológicos para explicar conductas culturales."

¤ "Bien dicho. Pero ahí es donde se ve tu plumero feminista."

¤ "¿Qué quieres decir con eso?"

¤ "Simple. Acudís a argumentos biológicos cuando os convienen, pero cuando no de pronto todo es cultural y por lo tanto sujeto a cuestiones de voluntad y perspectiva relativista."

¤ "¿Cómo qué?"

¤ "Como por ejemplo que no tenéis control sobre vuestros humores y emociones durante vuestra 'fase' lunática del mes. ¿O no te acuerdas cuando vivías conmigo te tuve que mandar marcar tus fechas en el calendario por lo insoportable que te ponías?"

¤ "¡Jajajaja! ¡Es cierto! Pero ya me he calmado... un poco. ¡Se me había olvidado de eso!"

¤ "Para ti seguro que es fácil olvidarlo, el traumatizado era yo."

¤ "¡Jajajaja! ¡Exageras!"

¤ "¿Exagero? ¿Exagero? ¿Quieres que demos un paseíto por el camino de las malas memorias que me diste?"

¤ "No, no, no hace falta."

¤ "¡Parecía que el propósito de tu misma existencia era hacerme miserable la mía!"

¤ "Vale. Lo reconozco. Era algo insoportable. ¿Pero dónde más, aparte de lo del síndrome premenstrual?"

¤ "En la sexualidad."

¤ "¡Andas por terreno minado Padre! Sí me vas a venir con justificaciones de la promiscuidad del varón de la especie en términos de evolución olvídalo, ¡has de saber que jamás lo aceptaré!"

¤ "¿Ves? A eso me refiero del doble juego de las feministas. ¡Podéis acudir a justificaciones biológicas en cuanto a vuestra conducta como parte del síndrome premenstrual, y podéis aceptar una explicación evolutiva de la predominancia de la agresión relacional entre las mujeres pero no de la conducta sexual de los hombres a pesar de que en ambos casos se refieren al mismo contexto: la poligamia!"

¤ "Que no lo acepte yo no significa que no sepa que sea verdad. ¿Cómo crees que como mujer voy a aceptar que los hombres son dados a la poligamia? Además, como justificar que eso no sea cultural y no biológico."

¤ "¿Cómo podéis justificar que vuestra conducta lunática precediendo a vuestro periodo no sea por cultura y no por biología? Además, hay mujeres de muchas culturas que no solamente lo aceptan sino que no entienden qué rayos pasa con las mujeres que no lo aceptan. Se preguntan, '¿no entienden que los hombres son hombres?'"

¤ "¡Mujeres esclavas de sus culturas!"

- "¡Cuidado con eso! ¿Dónde queda tu objetividad cultural indispensable para una psicóloga al decir algo así?"
- "Vale. Pues como mujer *occidental*, criada en una cultura donde la monogamia ha sido la tradición desde hace siglos no lo puedo aceptar."
- "Ahora estás diciéndome que la monogamia para los hombres es una imposición cultural, ¿entonces admites que no es natural, sino una perspectiva impuesta por aprendizaje? ¡Jajajaja! Solamente hay que ir al Viejo Testamento para ver que antiguamente los hombres tenían muchas mujeres, y plena vista de Dios. ¡Y la religión de mayor crecimiento en el mundo, con un 25% de la población mundial, la religión musulmana, acepta la poligamia! Acépalo, es tu destino hacerlo. ¡Jajajaja!"
- "¡No acepto nada!"
- "Pues no lo haces a tu propio riesgo y peligro. Igual que no aceptaste que los hombres y las mujeres no podemos ser amigos íntimos sin arriesgar las consecuencias de las resultantes tensiones sexuales. ¡Y mira lo que eso te causó!"
- "¿Siempre me vas a sacar eso a relucir?"
- "No siempre, solamente cuando te pones muy necia y tengo que ubicarte. Solamente cuando tengo que sacar a relucir que siempre, siempre, y un 100% de las veces cuando me has insistido en llevarme la contraria en cuanto a la naturaleza de la relación entre el hombre y la mujer en tu vida has metido la pata de forma colosal."
- "¿Siempre? ¡Por favor! ¡Don Perfecto!"

⌑ "¿Quieres repasar los detalles de tu 'amistad platónica' con ese tipo y cómo acabó al final contigo llamándome para que te acompañara al hospital porque no sabías si habías sido drogada y violada?"

⌑ "¿Por qué siempre tienes que jugar esa carta?"

⌑ "¿Por qué siempre tienes que insistir en llevarme la contraria tratando de demostrar que tienes la razón en cosas en las que deberías saber de sobra que la tengo?"

⌑ "Me niego a aceptar…"

⌑ "Te niegas a aceptar que no somos iguales los hombres y las mujeres y que hay ciertas áreas en que simplemente la mujer – o el hombre, si en eso estamos – ignora esas diferencias a su propio riesgo. ¿Cuántas discusiones tuvimos sobre las estadísticas de violaciones de mujeres por parte de 'amigos' o conocidos antes de que sucediera con eso? Pero no, tú insistías en que solamente los hombres machistas piensan como yo. ¿Acaso no sabías que una de cada cuatro mujeres en el mundo es abusada sexualmente? ¿Acaso no leíste los artículos que te imprimí con los estudios transculturales que indicaban que la inmensa mayoría de los hombres no creen que las mujeres y los hombres puedan tener amistades verdaderas porque los hombres están pensando realmente en sus futuras posibilidades para tener sexo? ¿Cómo rayos puede el ratón ser amigo del gato si el gato está pensando en comérselo a la menor oportunidad? ¡Por favor!"

⌑ "Sí, sí lo sabía. ¡Cómo me harta que culpes a la víctima! Si lo sé nunca hubiera acudido a ti para que me acompañaras."

¤ "¡Yo no culpo a la víctima! ¡Me frustra que por mucho que te haya intentado preparar para las realidades de la vida como mujer en un mundo de hombres has siempre insistido en ignorar mis enseñanzas! ¡Siempre tú en tu terquedad de insistir en que las cosas fueran a tu gusto! ¡Y hasta ahora las consecuencias han sido desastrosas!"

¤ "¡Eran mis consecuencias!"

¤ "¡Como si yo no tuviera sentimientos en lo relacionado a lo que te pasara! ¡Maldita sea!"

¤ "Lo sé, lo sé. Es que tú no sabes lo que cuesta aceptar ciertas cosas, como mujer. ¿Por qué los hombres sean unos maniáticos sexuales y nosotras físicamente vulnerables tenemos que aceptar que podemos ser violadas al menor descuido? ¿Tenemos que vivir como víctimas asustadas? ¡Los hombres no tienen que vivir con eso! ¡No es justo!

¤ "Sigues siendo absurda. Soy un hombre y no pequeño, entrenado en combate mano a mano pero hay lugares donde yo no iría – al menos no sin una escolta armada – ni siquiera a plena luz del día. ¡La vida no es justa! Cuando hablas así suenas como una niña malcriada teniendo un berrinche porque no queda helado de su sabor favorito. Algunos nacen moscas, otras arañas, otros pájaros que se comen las arañas, etc. No es cuestión de justo o no, es cuestión de preparación. ¡Te entrené en artes marciales desde pequeñita para que pudieras protegerte pero no pude protegerte de tu propia testarudez!"

- ¤ "Tú trata de vivir así. No importa lo que logre una mujer, su nivel de educación, su nivel profesional. Cualquier mierda de hombre puede reducirla a la nada violándola."

- ¤ "Sobre todo cuando la mujer se niega a aceptar la realidad y piensa que puede tener 'amigos'. Tú no fuiste violada por cualquier mierda, tú te metiste solita en la boca del lobo ignorando la realidad."

- ¤ "Al final no se supo si fui violada, solamente drogada. No todos los hombres son así."

- ¤ "Si cuentas a los gays no, no todos. Pero soy tu padre y sé más de hombres que jamás podrás saber tú y pregunta a tus hermanos a ver lo que te dicen. No, no todos son así pero más que lo suficientes como para que no juegues a la ruleta rusa con tu vida. ¿Cuántos de tus 'amigos' no tendrían relaciones sexuales contigo si les ofrecieras la posibilidad? Mejor dicho, ¿Cuántos de tus 'amigos' no lo son simplemente o principalmente porque están, consciente o inconscientemente, esperando esa posibilidad?"

- ¤ "Casi todos... todos... OK, aprendí la lección, ¿vale? No me lo tienes que recordar. ¿Y eso qué tiene que ver con el feminismo?"

- ¤ "Las feministas queréis tratar de anular a vuestra conveniencia – y peligro – la realidad de las diferencias esenciales entre los géneros de la especie."

- ¤ "¿A nuestra conveniencia? ¡Si a eso te refieres que las mujeres deberíamos aceptar las infidelidades de los hombres!"

- ¤ "Nunca dije eso. Solamente reconocerlas por lo que son. Difícilmente vas a encontrar un hombre joven que sea fiel a su pareja. Eso te lo dice tu padre y te lo diría cualquier hombre honesto que no quisiera impresionarte con su moralidad para seducirte. El impulso biológico a esparcir sus genes es demasiado fuerte en un hombre joven como para que con certeza vaya evitando las tentaciones que se le ponen por delante."

⨳ "¿Y eso excusa que sean infieles?"

⨳ "Eso no excusa nada. ¡Espérate un momento! ¿Con qué conveniencia las mujeres culpan a los hombres por ser infieles sin tener en cuenta que no están siendo infieles solitos, sino con otras mujeres, mujeres que en la mayoría de los casos mujeres saben perfectamente que esos hombres tienen esposa o al menos pareja?"

⨳ "Pues mis parejas no me fueron infieles."

⨳ "Tus parejas eran unos sapos, y si no te fueron infieles era por falta de oportunidad no porque fueran unos santos. Claro, que por eso mismo les escogías, para asegurarte de..."

⨳ "De que no fueran como tú."

⨳ "¿Cómo que cómo yo? ¿Cómo el padre que he sido para ti y tus hermanos?"

⨳ "Como padre no, me refiero a como marido, como pareja."

⨳ "Ah. Ya. Ya empezamos. ¿Me has visto borracho alguna vez?"

⨳ "No."

⨳ "¿Tú madre se ha quejado alguna vez de que saliera por ahí con los amigos, o que fuera a bares o a clubes?"

⨳ "No, nunca."

⨳ "¿Alguna vez has oído de tu madre o de cualquiera de mis novias o parejas que yo fuera violento?"

⌁ "No nunca. De hecho todo lo contrario. Pero te divorciaste, y fuiste infiel."

⌁ "Sí, sí me divorcié. Y sí, fui infiel. ¿Y tú no? Si no me acuerdo mal, te divorciaste porque el sapo-loser de tu esposo se enteró de que estabas teniendo una relación amorosa con un colega de trabajo. ¿Verdad?"

⌁ "No quise que acabara así, pero es que ya no teníamos nada en común."

⌁ "Te lo dije antes de casarte. ¿Pero ves cómo es tu feminismo? A mí me mides con una vara pero te reservas otra para ti. Tú tienes excusas, justificaciones para tu conducta, pero a mí me condenas."

⌁ "No lo había pensado así. Pero no me refería solamente a eso."

⌁ "A ver, suelta la sopa."

⌁ "Llevaste la casa como un cuartel general – contigo como el comandante supremo, claro."

⌁ "Vaya, vaya, vaya. ¡Con lo que me sales ahora!"

⌁ "¡No podía aguantar salir de casa y salir de por debajo de tu autoridad y de esa personalidad tuya de alfa-macho!"

⌁ "Mira que te sirvió bien esa personalidad de 'alfa-macho' cuando me llamaste una noche y me pediste que te socorriera de ese novio narcotraficante y abusivo – de uno de la larga lista de sapos con los que te enrollaste. No te quejaste en absoluto de mi personalidad 'alfa-macho' cuando entramos tu hermano y yo por la puerta de tu apartamento y nos enfrentamos a tu novio y sus secuaces que te tenían aterrorizada. Te avisé sobre él e insististe que era, ¿cómo me lo pusiste?, 'sensible y gentil', ¿verdad? ¿Qué pasó, te pasaste de bocona, y a él se le desvaneció lo 'sensible y gentil' y le salió lo de cobarde miserable? ¿Y luego? ¿Quién tuvo que conducir siete horas para caerles como un comando de los Rangers a rescatar a tu pequeño trasero del lío en el que te tu estupidez le había metido?"

☿ "Nunca me olvidaré cómo los rajaste a todos. ¡Y cuando le dijiste a Tony que si volvías a saber que se acercara a mí que supiera que ya había una fosa en el desierto con su nombre! Eso fue de película."

☿ "No, Jana, no fue de película. Fue de realidad. Porque eso es lo que hace un padre, la responsabilidad va con el mando. Eso es lo que las mujeres de hoy no entienden, ni los hombres tampoco. Con la responsabilidad va la autoridad. Eso es lo que pasa con las familias de hoy en día y el resultado es un aumento tremendo de pandillerismo y criminalidad juvenil en general. ¿Sabes cuál es el factor número uno en la prevención del pandillerismo?"

☿ "¿Estatus socioeconómico?"

☿ "No, la presencia del padre en el hogar. No la existencia, sino la presencia. Eso lo aprendí trabajando con pandilleras en el correccional femenino. La presencia de alguien al mando, alguien que tome la responsabilidad, y no me refiero a la responsabilidad económica sino a la responsabilidad de que todo vaya de acuerdo a un plan. Cuando los hijos sacan malas calificaciones, él se hace responsable. Cuando los hijos se portan mal en el colegio, él se hace responsable. Cuando los hijos no hacen sus tareas en la casa, él se hace responsable.

Cuando cualquier cosa no funciona de acuerdo al gran plan, él se hace responsable. Y se hace responsable porque tiene la autoridad necesaria para imponerse. No puede haber responsabilidad sin autoridad."

⌘ "¿Y si a alguien no le gusta el gran plan?"

⌘ "Pues ya saben dónde encontrar la puerta."

⌘ "Y por eso mismo me fui."

⌘ "Sí, claro, pero no tardaste en volver después de que Mr. 'Sensible y Gentil' te costara el semestre en la universidad y arruinara tu crédito."

⌘ "No tenía a donde ir."

⌘ "Sí, pero te olvidas de que antes de irte tu madrastra y tú llevabais una batalla a muerte que hizo un infierno de mi vida, y que para que te aceptara de nuevo en la casa yo tuve que ponerme en plan 'alfa-macho' diciéndole que eras mi hija y que necesitabas donde quedarte hasta que pusieras tu vida en orden y que si no le gustaba…"

⌘ "Ya sabes dónde encontrar la puerta."

⌘ "Exacto. Lo cual contribuyó enormemente a terminar ese matrimonio por cierto."

⌘ "¡No me puedes culpar a mí de eso!"

⌘ "Y no te cobré alquiler como ella insistió que hiciéramos, y tú nunca cumpliste con el acuerdo de hacer tus tareas en la casa. Y yo siempre tuve que intervenir a tú favor para darte una oportunidad para que te pusieras de pie de nuevo. ¿O no te acuerdas?"

⌘ "Sí."

¤ "Para que luego a la hora del divorcio, que tú en buena parte provocaras, a mí me vieras como el malvado 'alfa-macho' y a ella como la pobre mujer-víctima. Porque de pronto ya no era tu padre sino un 'hombre' y tú no mi hija sino una 'mujer'. Pero cuando necesitabas un techo sobre tu cabeza no me acuerdo que te quejaras de mi personalidad 'alfa-macho'. Como siempre todo a tu conveniencia. Eso es típico de las feministas de hoy en día. Me diste más batalla que todos tus hermanos juntos, ¿o quieres que vaya enumerando todas las broncas que tuvimos cada vez que yo trataba de exigirte que te esforzaras mientras que tu madre te escudaba? ¿O no te acuerdas cuando fuiste escogida para entrenar en el equipo regional de gimnasia olímpica y yo, aun estando en la universidad y con dos trabajos para pagar los gastos de la casa me tomé otro trabajo solamente para pagar los costos de tu entrenamiento porque estabas ilusionada con la idea? ¿Y luego qué? ¡En cuanto se puso un poco difícil lloraste un poquito y tu madre dejó de llevarte a mis espaldas pero sin darte de baja así que me seguían llegando las facturas, hasta que meses después me llamó la entrenadora preguntando por ti para enterarme que en vez de ir a entrenar te ibas con tu madre a jugar a los bolos o yo que hostias sé!"

¤ "Teníamos miedo de que me obligaras a seguir entrenando."

¤ "¡Claro que te hubiera obligado a seguir entrenando! ¡En la vida no se consigue nada sin esfuerzo, sin disciplina, sin compromiso! ¿Qué hubiera sido de ti y de tu hermano si yo hubiera tomado esa actitud que tu madre te enseñaba a tomar? ¿Qué hubiera sido de ti si yo no te hubiera obligado a hacer las cosas que querías abandonar en cuanto se pusieron difíciles, como tu madre siempre te dejaba hacer? 'Déjala, si no quiere hacerlo que no lo haga.' ¿Serías tú la mujer independiente, profesional, con su carrera universitaria, que no precisa de un hombre que la mantenga?"

☐ "No, claro que no. Y te lo agradezco, de verdad."

☐ "¡Tú no agradeces nada! ¡De agradecerme tendrías en cuenta que no se puede hacer un omelet sin romper huevos! Te casaste con un sapo-loser, un molusco sin columna vertebral, al que pudieras dominar para luego despreciarle exactamente por lo mismo."

☐ "¡Pues es que las mujeres no podemos ganar! Sí encontramos a un hombre sobresaliente tenemos que estar al pendiente de las barracudas que nos lo quieren quitar; y si encontramos a uno que es seguro y fiel es porque es un 'sapo' o un 'molusco' o como tú los quieras llamar."

☐ "¿Y eso es tan diferente para los hombres con las mujeres? ¿Quién se fue de la relación porque encontró a otro más interesante?"

☐ "Ouch."

☐ "Habrás estudiado mucho, pero aun estás muy verde para ganar una discusión conmigo en cuanto a las realidades de la vida. La mujer que se casa con un hombre joven, sano, atractivo y exige fidelidad sexual completa de él es una ilusa."

☐ "Nada, que los hombres son unos cerdos. Por eso todo se lo venden con sexo. ¡La cerveza, las llantas de los coches, hasta los electrodomésticos y las armas de fuego!"

☐ "El sexo vende. Y se compra."

- ¤ "No digamos los que pagan a prostitutas para tener sexo. ¡Qué asco!"

- ¤ "En eso estamos totalmente de acuerdo, es asqueroso. Pero la verdad, la pura verdad, la neta, es que ningún hombre deja a su esposa y familia por una visita al prostíbulo."

- ¤ "¿Así que tu apruebas de la prostitución?"

- ¤ ¡Yo no apruebo de nada! Solamente te digo la verdad. Yo personalmente nunca he acudido a ello, pero históricamente siempre han tenido su reconocida función precisamente para dar escape a la promiscuidad masculina y a la vez evitar el ocaso del matrimonio. Por algo lo llaman la profesión más antigua del mundo. ¡El problema que las mujeres comunes tenéis con las prostitutas es que os quitan esa exclusividad con la que tenéis a la sartén por el mango!"

- ¤ "¿Y tú solución entonces? ¿Qué aceptemos que nos pongan los cuernos?"

- ¤ "No, no os caséis con hombre jóvenes, es todo."

- ¤ "¡Ah sí, claro, y volvemos el reloj social atrás dos siglos cuando las mujeres se casaban a los doce años con hombres en sus treintas o cuarentas!"

- ¤ "Los hombres mayores y las mujeres jóvenes han formado parejas más estables desde que ha habido mujeres jóvenes y hombres mayores."

- ¤ "Sí claro, jovencitas para que las acabéis de formar a vuestro gusto, ¿verdad? ¡No gracias!"

- ¤ "Ese es tú problema. Y si tu reloj biológico no marca mal, viene a ser un gran problema."

- ¤ "No todas las mujeres queremos ser madres."

⚸ "Ahora háblame de lo que no es natural en una especie, que una mujer no quiera ser madre."

⚸ "Los seres humanos no estamos tan sujetos a nuestra biología. Deberías como psicólogo y antropólogo saberlo."

⚸ "Sí, pero de igual forma reconozco la insalubridad de una sociedad humana en la que la cultura va directamente en contra de nuestra biología. Jana, nos guste o no, al fin y al cabo somos animales con una programación esencial que manda por encima de todas las demás: la propagación de nuestros genes. Vivimos bajo la ilusión de que somos algo más, y de algún modo sí lo somos, pero nunca podemos denegar lo que somos en esencia. Una vez que aceptas eso te será mucho más fácil entenderte a ti misma y a tus pacientes."

⚸ "¿Esa es tu solución para todo? ¿Cuál era tu frase? 'Los seres humanos somos unos animales pintados de cultura y condenados por la religión.' ¿No era algo así?"

⚸ "¡No me acuerdo de haberlo dicho, pero si tú lo dices me lo quedo! ¿Cuándo has visto en tu vida un concierto en el que los hombres se comportaran con la misma locura absurda, irracional, como las mujeres ante su artista favorito? ¡A ver! ¡Dime! Y no me digas que cualquiera de esas mujeres no tendría un lío sexual con ese artista solamente por hacerlo, aun sabiendo que jamás iban a tener una relación personal después."

⚸ "Los hombres son mucho más puro sexo que las mujeres. Nosotras necesitamos sentir que el hombre es… pues algo especial."

◘ "Sois más selectivas, eso es todo. Al hombre típico, al joven sobre todo, le da igual que sea princesa o mendiga, distinguida o nefasta, ni siquiera tiene que ser particularmente atractiva – la atracción se mide en términos de la tesón sexual..."

◘ "O de cuántas cervezas han tomado. Sí, ya lo sé. Sois unos cerdos."

◘ "No somos cerdos, somos varones, somos diferentes a las mujeres, es todo. Aceptad que lo somos y dejaros de estupideces feministas porque no os van a servir para nada. ¿O me vas a decir que eres feliz? Era retórica la pregunta, no te molestes. El amor de la mujer comienza por la admiración, y de ahí pasa a la pasión y si es verdadero amor a la devoción – pero si pierde la admiración por su hombre pierde el amor."

◘ "¿Y tú argumento biológico-evolutivo?"

◘ "A ver ex-alumna, dímelo tú."

◘ "Ya no soy tu alumna, soy tu hija."

◘ "¡Ahora eres mi hija! Vaya. ¡Y yo que pensé que eras una mujer!"

◘ "¡Esta bien! Puesto que nosotras cargamos con el peso de la reproducción, entonces tenemos – o deberíamos – ser más selectivas a la hora de escoger con quién vamos a entrelazar nuestros genes. Las mujeres solamente pueden tener quizás hasta treinta hijos en una vida, en teoría al menos, mientras que los hombres podrían tener miles de millones. Bla, bla, bla."

◘ "¡Bravo!"

◘ "Odio que siempre tengas razón."

- ¤ "Y yo detesto que seas irracional, pero a cada uno nos toca de acuerdo a nuestra naturaleza."
- ¤ "¡Engreído!"
- ¤ "Jajajaja. No siempre he tenido la razón, ni siempre la tengo – pero en lo que se concierne a mi profesión casi el 99% de las veces. Y me ha costado caro llegar a saber lo que sé. Y tú, si en vez de odiarlo lo hubieras aprovechado estarías mucho mejor en la vida."
- ¤ "Tampoco estoy tan mal. No soy la única mujer divorciada a los treinta, sin hijos pero con un doctorado."
- ¤ "¿Qué querías preguntarme?"
- ¤ "Me vas a decir que no."
- ¤ "Ya sabes, contra el vicio de pedir, la virtud de no dar. No me lo pidas si ya sabes el resultado."
- ¤ "Me he enterado de que estás buscando una asistente y quería saber si aceptarías que yo trabajara contigo. Necesito horas de supervisión para conseguir mi licencia profesional..."
- ¤ "No."
- ¤ "¿No?"
- ¤ "¿Prefieres, 'no hablar'?"
- ¤ "Sabía que me dirías que no. ¿Por qué 'no'?"
- ¤ "Porque eres insoportable y porque yo sigo siendo el mismo macho-alfa..."
- ¤ "Alfa-macho."
- ¤ "...alfa-macho que tanto detestas y ahora yo ya no tengo que aguantarte a ti porque ya cumplí de sobra con mis obligaciones contigo. ¿Querías tu libertad de mí? ¡Ahí la tienes! ¿Sabes qué? El sentimiento es más que mutuo: Yo

quiero la mía de ti, créeme, agotaste mi paciencia. No puedo tener las batallas estas en un contexto profesional. Punto. ¿Algo más?"

- ¤ "Nada. Gracias."
- ¤ "Yo también oí algo de ti."
- ¤ "¿Ah sí, el qué?"
- ¤ "Que tienes un nuevo novio."
- ¤ "Sí, jejeje, es cierto."
- ¤ "Y que está separado de su esposa."
- ¤ "Sí."
- ¤ "Y que tiene hijos."
- ¤ "Sí, sí los tiene. ¿Y?"
- ¤ "Y que tiene casi mi misma edad."
- ¤ "Jejeje. Pues sí."
- ¤ "¿Pero él no es ridículo, verdad?"

CAPÍTULO 5

"¿Y Por Qué el Guerrero?"

⌑ "Bienvenidos de nuevo a nuestra siguiente sesión de nuestro programa '*De Hombre a Hombres*'. Comenzamos con un estudio de nuestra primera obra '*La Odisea*' de Homero. Sé que muchos, o al menos algunos de ustedes, tienen diferentes traducciones del griego, y eso es bueno porque así veremos matices diferentes con respecto al significado original. Les animo a que lean más de una traducción porque no todas son iguales. Yo tengo aquí varias al castellano y al inglés. Eso dicho, de hecho vamos a comenzar con una traducción más literal de las primeras diez líneas del texto original en el griego antiguo de lo que se presentan en las traducciones literarias, y lo vamos a hacer con el propósito de entrar un poco más en ciertos conceptos fundamentales de la obra que nos conciernen."

⌑ "¿Y cuáles son esos? Mire, Sr. Profesor yo no vine la semana pasada y la verdad no sé de qué se trata este programa, solo que en el colegio nos lo exigieron venir porque mis dos muchachos andan con problemas de mala conducta que según el colegio viene de la familia. Los dos están condicionados y si los expulsan a mediados del semestre perderán el año escolar completo antes de que encuentre otro colegio que los acepte. Por eso estoy aquí. Estuve en esa plática que Usted dio hace como dos meses sobre los problemas de conducta en los hijos y su relación con la ausencia del papá. Y que si estadísticas, que si pandillerismo, que si diagnosis de trastorno esto y de trastorno de lo otro..."

⊐ "¿Quiere decir Trastorno de Conducta Asocial y Trastorno de Conducta Negativista Desafiante?"

⊐ "Pues yo creo. Y que todo es porque no tienen una figura paterna en la casa que les dé disciplina por un lado y que si las madres son demasiado permisivas y consentidoras por otro. ¿Pero sabe qué? Yo creo que el colegio quiere sacarnos dinero en terapias y programas extraordinarios y quienes deberían aprender a controlar a los alumnos son las maestras en vez de culpar a las madres."

⊐ "¿Y Usted es...?

⊐ "Yo soy la Sra. Martínez."

⊐ "Muy bien, Sra. Martínez. Antes de nada déjeme darle la bienvenida a nuestro programa."

⊐ "Le digo de antemano que no estoy aquí por gusto sino porque el director me dijo que hasta que no cumplieran con no sé qué requisitos de su programa que no serían aceptados de nuevo en el colegio y que la psicólogo del colegio estaría en contacto con Usted."

⊐ "Bueno, eso ya lo podremos hablar en privado. ¿Qué colegio es?"

⊐ "Las Colinas."

⊐ "¡Ah! ¡Ya! Sí, claro. Conozco muy bien al director. De hecho, fue alumno mío. Bueno de todos modos, bienvenidos a Usted y a sus hijos. Yo soy Don Juan y aquí mi asistente la Srta. Maribel les dará toda la información que precisan sobre el programa. Tenemos panfletos y hasta una página en Facebook dedicada. Ahora bien, aquí no se tratan de culpas sino de soluciones, así que no se trata de culpar a nadie sino de identificar los problemas para resolverlos", afirmó Don Juan, agregando: "Si el colegio les ha enviado es precisamente porque saben de alumnos suyos que comenzaron con conductas delincuentes y pésimo rendimiento académico y con nuestros programas han logrado cambiar por completo sus patrones conductuales hasta el punto de sobresalir como alumnos y como futuros ciudadanos adultos. Pero eso los hijos no lo logran por su cuenta, o sea, no sin un compromiso completo por parte de los padres, o en el caso de la ausencia de ambos, por parte de la madre. No es fácil, pero el primer paso para que los hijos cambien es que los padres acepten que tienen que cambiar ellos mismos − ¡y mucho! Déjeme hacerle una pregunta, ¿de acuerdo?", planteó Don Juan.

¤ "Usted me dirá", respondió la señora, algo desconfiada y desafiante.

¤ "¿Cómo se comportan sus hijos en su casa? ¿Son unos angelitos obedientes o también tienen problemas con figuras de autoridad?"

¤ "¡En absoluto! Mire en casa mis hijos nunca nos dan problemas. Nada más se la pasan en el Youtube y en el Face o en sus juegos de video, pero sin molestar a nadie", aseguró la madre.

¤ "¿Usted no les pone tareas en la casa?", preguntó Don Juan fingiendo incredulidad pero por otra parte muy consciente del patrón social.

⧮ "No, ¿por qué? Si la madre soy yo, ¿Por qué van ellos a tener que hacer mi trabajo? ¡Ellos no pidieron venir al mundo! ¡Las únicas tareas que tienen son las del colegio, que ya son muchas!"

⧮ "¿Usted no tendrá por casualidad una hija, verdad?", dijo Don Juan – el cual en realidad sabía la respuesta a esa y a muchas más preguntas sobre toda la familia porque ya había sido familiarizado con su expediente del colegio.

⧮ "Sí, tengo una hijita, gracias a Dios, que es la que me ayuda en todo lo de la casa", afirmó la Señora Martínez.

⧮ "¿Así que su hija ayuda en la casa pero sus dos hijos no? ¿No hacen nada?", preguntó Don Juan, ya reconociendo el patrón.

⧮ "No si es que ella es muy buena, y me ayuda con mucho gusto, pero si les pido algo a los varones siempre me lo hacen mal o de mala gana si es que lo hacen en absoluto. Así que mejor los dejo haciendo sus cosas porque es más molestia tratar con ellos que hacerlas yo misma", recalcó la Sra. Martínez.

⧮ "Usted querrá decir que es mejor pedírselo a su hija, ¿verdad?", insistió Don Juan.

⧮ "Pues mi marido casi nunca está y yo también trabajo fuera así que a veces necesito ayuda en la casa. Si se lo pido a cualquiera de los muchachos siempre es un problema, y la niña lo hace siempre de buenas y con gusto, la verdad", respondió la Sra. Martínez.

¤ "¿Y qué tal es el comportamiento de su hija en el colegio? ¿Ha tenido problemas con ella? ¿Saca buenas calificaciones?", indagó Don Juan. Ya sabía la respuesta.

¤ "Pues ella no es una estudiante que digamos estelar, pero ahí la lleva. Casi nunca reprueba nada pero nunca se mete en problemas con los maestros. Yo creo que es que las maestras no saben cómo controlar sus salones y por eso tienen problemas de disciplina. Acusan a mis hijos de todo, hasta de bullying", afirmó amargamente la Sra. Martínez. Sus hijos, que operaban un grupo de rufianes que bien pudiera llamarse una pandilla, eran unos terroristas en el colegio que intimidaban no solamente a alumnos sino también a algunos de los maestros.

¤ "Bueno Sra. Martínez, ¿acaso no ve Usted una relación entre la conducta de sus hijos varones en su casa y los problemas que tienen en el colegio?", insistió Don Juan.

¤ "¿Cuál relación pudiera haber cuando mis hijos no hacen nada en casa?", replicó la Sra. Martínez.

¤ "Precisamente", respondió Don Juan, "no están acostumbrados a acatar órdenes de nadie. Los hijos aprenden a socializarse en el hogar. Si en su vida en familia aprenden que pueden recibir sin tener que ganárselo crecerán convencidos de que así debería ser el mundo. Si en su familia no se les enseña a que todos tienen que recibir órdenes de alguien nunca aprenderán a respetar figuras de autoridad", dijo Don Juan a la Sra. Martínez. "¿Maribel, me traes una copia de la hoja del Departamento de Policía de Houston, por favor? Gracias. Los hijos," continuó Don Juan dirigiéndose al grupo entero, "reciben sus pautas de cómo convivir con el mundo entero de acuerdo a los que aprenden en sus casas, en sus familias, en interacción con sus padres, hermanos, y otros familiares. Los maestros no tiene la responsabilidad de criar a sus hijos; solamente tienen la responsabilidad de impartirles cierto conocimiento, no de enseñarles la diferencia entre el bien y el mal", aseveró Don Juan.

⌑ "¿Cómo qué no?", insistió la Sra. Martínez.

⌑ "¿Los maestros tienen la autoridad de impartir castigos sobre sus hijos que Usted vaya a respetar en su casa? ¿Tienen la autoridad de aplicar un castigo corporal?", preguntó Don Juan.

⌑ "¡Claro que no! ¡Y no me diga que está Usted a favor de castigo corporal!"

⌑ "Jajajaja", se rió Don Juan, "solamente cuando haga falta y en buena medida. Una nalgada a su momento puede evitar una tragedia. Las cárceles están llenas de hombres y mujeres que no recibieron la disciplina apropiada cuando debieron haberla recibido. Gracias Maribel. Aquí tenemos una lista parcial de un panfleto que ha estado repartiendo el Departamento de Policía de Houston, Texas sobre 'Cómo arruinar a sus hijos, doce principios de cómo criar hijos delincuentes': 1) Dele todo lo que pida, así se criará creyendo que tiene derecho a todo lo que quiera; 2) ríase cuando emplee un vocabulario obsceno, se criará pensando que lo irrespetuoso es gracioso y divertido; 3) jamás reprenda a su hijo por su conducta, se criará creyendo que no hay reglas que apliquen a él en la sociedad; 4) recoja todo lo que su hijo desordene – libros, juguetes, platos, ropa, haga todo para él, se criará creyendo que otros deberían hacerse cargo de sus responsabilidades; 5) deje que vea cualquier programa de televisión, se criará sin reconocer que hay diferencias entre ser un niño y ser un adulto; 6) lave los platos y los cubiertos pero deje que meta cualquier basura en su cabeza en la forma de juegos electrónicos o videos en Youtube, se criará desconociendo la diferencia entre el bien y el mal; 7) dé a su hijo todo el dinero que pida y no le obligue a que se lo gane, se criará pensando que el dinero debería llegarle con facilidad y no dudará en robar o en vender droga para conseguirlo; 8) discuta con frecuencia con su padre (o madre), se criará esperando que la familia se va a deshacer; 9) satisfaga todos sus antojos de comidas, bebidas, juguetes, ropa, y confort, se criará convencido de que la vida debería ser fácil y que cualquier adversidad e inconveniencia es injusta; 10) tome su parte contra cualquier figura de autoridad – vecinos, maestros, policías – convenciéndole de que todos tienen prejuicios en su contra; se criará convencido de que siempre tiene la razón y es el mundo el que está mal; 11) cuando se meta en problemas serios, justifíquese diciéndose que siempre fue un niño difícil y que nunca pudo hacer nada por él; 12) preparase para una vida de miseria, lo más seguro es que lo vaya a tener. Bien. Esto es lo que dice el Departamento de Policía de la ciudad de Houston que si hacen esto con los hijos les espera una celda en su cárcel para ellos. Para que reflexión. ¿Maribel, podrías repartir copias a todos? Gracias. Los hijos precisan de formación, de reglas, de buenos modelos, de parámetros, de castigos y consecuencias cuando rompan las reglas, y de reconocimientos cuando las sigan, de aprender que la vida no les debe nada y que esforzarse para ganarse todo lo que tienen no solamente es justo, sino normal: todo ser vivo lo hace. Lo que se inculca en ellos en sus casas va a determinar en gran parte lo que van a ser el resto de sus vidas. El propósito del presente programa es examinar las características de la 'Hombría', con hache mayúscula, desde el punto de vista de diferentes sociedades a lo largo de la historia, tal y como vienen representadas en ciertas obras clásicas de la literatura universal. Comenzando con la Odisea."

☒ "¿Bien, pero y eso que va a enseñarme?", preguntó la Sra. Martínez en tono desafiante. "¿Eso les va a servir de terapia? Eso es lo que quiero saber. ¿Va el colegio a dejar que mis muchachos vuelvan a clases?", insistió en saber la Sra. Martínez.

☒ "Depende del progreso que yo vea en sus hijos, si hacen las tareas que se les impone aquí", respondió Don Juan.

☒ "Querrá decir que se le 'pone', ¿no?", comentó la Sra. Martínez.

☒ "Querré decir lo que dije. Aquí se imponen las tareas. Quien no las haga quedarán expulsados del programa. Simple. No soy su padre, no los puedo obligar a nada – esa tarea de obligarlos le toca a Usted y a su marido, si es que aprenden el cómo y aceptan la necesidad de hacerlo. Yo solamente puedo imponer unas normas y asegurarme de que si la gente va a permanecer en mis programas que cumplan con las mismas, ¿no le parece Sra. Martínez?", respondió Don Juan, su tono ya indicando que su acostumbrada paciencia estaba a punto de extinguirse.

⨅ "¿Usted quiere que yo convierta a mi casa en un campo de concentración? ¡Pues no!", estalló la madre en un arranque de cólera.

⨅ "¿Un campo de concentración? ¿Un campo de concentración?", preguntó Don Juan en son de burla. "¡Vaya! ¿A eso lo llaman cuando uno lleva un hogar, una familia, con orden, con armonía, con reglas, con responsabilidades, con deberes? ¿Un 'campo de concentración'? Perdone Sra. Martínez pero creo que cualquiera remotamente familiar con un verdadero campo de concentración, aun por película, le vería a usted como absurda y ridícula. Es Usted libre de no integrarse al grupo o no. Esa es su decisión. Pero si no cumple con las reglas será expulsada: esa es mi decisión."

⨅ "¿Y qué pasará entonces con mis muchachos y el colegio?", preguntó la madre, ahora viéndose no tan iracunda sino más bien angustiada.

⨅ "¿Alguien aquí ha tenido alguna vez un cachorro?", preguntó Don Juan a nadie en particular y a todos en general.

⌘ "Sí Don Juan", dijo una voz tímida de un adolescente, la mano extendida en el aire.

⌘ "¿Y qué se hace cuando el cachorro se orina por la casa, destroza el calzado, o peor?", preguntó Don Juan.

⌘ "Pues o se les entrena para que dejen de hacerlo o se les echa de la casa al patio", respondió la misma voz.

⌘ "¡O se les entrena o se les echa! ¡Excelente respuesta Pedro! ¿Lo ven? O se les entrena para que sepan respetar las reglas o se les expulsa donde su falta de disciplina no fastidie tanto. Lo mismo con cualquier institución social y los seres humanos, ya sean niños, adolescentes o adultos. O se comportan como seres civilizados o se les rechaza, se les expulsa. ¿Pedro, qué hace la sociedad cuando sus ciudadanos se comportan como cachorros maleducados?", inquirió Don Juan.

⌘ "¿Se les mete en la cárcel?", respondió el joven tentativamente.

⌘ "¡Exactamente! ¡Se les mete en la cárcel!", exclamó Don Juan. "Así que, Sra. Martínez, si para Usted imponer algo de disciplina en su hogar es lo equivalente a convertirlo en un 'campo de concentración', entonces ya me queda muy claro de dónde surgen y comienzan los problemas de conducta de sus cachorros", cerró Don Juan, su tono y contenido deliberadamente sarcástico.

⌘ "¡¿Está diciendo que mis hijos… mi familia somos como perros?!", estalló la doña con tremenda indignación.

⌘ "Claro que no, Sra. Martínez. Si lo fueran la tarea sería sencilla — le aseguro que el trabajo del Encantador de

Perros es pan comido comparado al mío. Es puramente metafórico. Pero si de alguna forma le queda el saco, póngaselo: sus hijos como sigan así van a acabar en la cárcel. Así que por evitar convertir su casa en un 'campo de concentración' lo más seguro es que esté condenando sus hijos a vivir en una cárcel. Usted puede tomar esta oportunidad de aprender a acatar órdenes y reglas para *imponer* lo mismo en su casa, o puede tener a sus hijos todo el día sueltos como perros callejeros porque con el expediente que tienen…"

¤ "¿Usted ha visto su expediente?", interrumpió la Sra. Martínez, ya sin voz de enojo sino con tono de asombro y de vergüenza.

¤ "Sí Sra. Martínez; en sumo detalle. Y como le iba diciendo, dudo mucho que cualquier colegio – aun privado – les vaya a aceptar, y los públicos pues tienen una larga lista de espera", declaró Don Juan, ya queriendo cerrar el tema de una vez, añadiendo: "Aquí los padres y los hijos adquieren no solamente conocimiento o información, sino también aprenden *'disciplina'*, lo cual brilla por su ausencia completa en la mayoría de las familias de esta sociedad y cultura. Y si los padres no la tienen, ¿cómo demonios van a poder impartirla a los hijos? Bien. Ya basta de eso. ¿Alguna pregunta más con respecto al programa? ¿Por qué se estudia lo que se estudia?", indagó Don Juan.

¤ "Yo tengo una pregunta más", preguntó una muy compungida Sra. Martínez y con la cara colorada como un tomate. Finalmente iba aceptando lo que tantos otros alumnos, pacientes, hijos, y relaciones habían tenido que aceptar con respecto a Don Juan: 'su castillo, sus reglas'.

⌑ "Dígame Sra. Martínez."

⌑ "En el colegio nos dijeron que también tenían que acudir a estas clases el padre y mi hija..."

⌑ "Para que tenga validez su asistencia para cumplir con los requisitos del colegio es necesario que todos estén presentes. Una familia tiene que ser como un equipo deportivo – todos tienen que saber no solamente cuál es su posición de juego sino también el de todos los demás. Si no tratamos a todos los miembros no podemos solucionar los problemas de algunos. Aquí sí que es o todos o ninguno. Aunque sea un programa 'De Hombre a Hombres', es necesario que las mujeres sepan también qué esperar de un auténtico hombre y no lo vayan a confundir con Justin Bieber. ¿Quedó claro?", preguntó Don Juan.

⌑ "Sí Don Juan, muy claro, gracias", respondió una muy resignada, y mucho más dócil, Sra. Martínez.

⌑ "De nada. ¡Continuemos con la Odisea!", anunció Don Juan con sumo entusiasmo. "Las primeras líneas traducidas algo textualmente desde el griego antiguo nos ayudan a situarnos en la obra. El convenio en estas obras épicas es que la primera palabra es clave para la ubicación del lector, que nos revela el tema central, esencial, de la obra. La primera palabra en el griego antiguo de la Odisea es 'andra' que significa 'hombre'; no 'hombre' en el sentido genérico del ser humano, sino 'hombre' en el sentido del varón adulto de la especie. Se trata por lo tanto de una obra que nos va a informar lo que significa ser un varón adulto, un Hombre con 'H' mayúscula. La Ilíada, por lo contrario, comienza con la palabra *'menas'* que significa 'ira' o 'furia'. Se trata de la furia de Aquiles en particular, pero de la furia de los hombres y de los dioses en general. Pero en la Odisea Homero nos va a relatar, a través de esta narrativa, lo que significa ser un *hombre*", proclamó Don Juan, su cara iluminándose de pura exaltación, sobre todo al pronunciar la palabra 'hombre'.

- "¿Odiseo fue un guerrero, no? ¿Por qué todo lo que tiene que ver con hombres tiene que ver con guerreros? La verdad es que se me hace muy arcaica o primitiva esa idea de que los hombres tengan que ser machos y fuertes y todo eso. No le veo yo gran diferencia entre los hombres y las mujeres, la verdad", dijo una madre.

- "Es cierto, ¿por qué en todas partes se supone que el ideal o el modelo del hombre es el del guerrero?", agregó otra.

- "Con que *'¿por qué el guerrero?'*", repitió Don Juan tres o cuatro veces. "¡Qué curioso que lo hayan preguntado! Fíjense que mi autor favorito, Shodai Sennin J. A. Overton-Guerra, tiene una respuesta a esa misma pregunta. Vamos a repartir dos documentos para que se dividan y los discutan. Eran tareas que íbamos a hacer más tarde, pero mejor salimos de dudas de una vez y entendemos por qué casi universalmente el arquetipo del guerrero es tan esencial para la formación de la identidad masculina. El segundo documento es una poesía, por el mismo autor, titulada *'El Colonizado'*. Cuando hayan terminado de leer y discutir el primer documento, van a relatar el tipo de individuos que se preguntan ¿por qué el guerrero? Con la figura de 'El Colonizado' descrita en el poema. Maribel repartirá a todos los materiales. Agrúpense en grupos de 3 a 5 individuos. ¡Venga!"

ANOTACIONES PARA EL 19 DE JULIO, 2013

1. Título de la anotación: **"¿Por qué el guerrero?"**

He debatido asiduamente la pregunta, '¿por qué el guerrero?', en las aulas académicas de varias instituciones universitarias – tanto como estudiante como profesor. Lo he discutido también con individuos de diversa ciudadanía, etnicidad, estatus socioeconómico, ideología filosófica, doctrina religiosa, afiliación política, y de ambos géneros a lo largo de mis recorridos y estancias en diferentes países de Europa y de las Américas. Lo interesante es que a pesar de toda esa diversidad de perspectivas he llegado a concluir que las respuestas a la pregunta '¿por qué el guerrero?' dividen a las personas grosso modo en dos categorías. La primera consiste en los idealistas utópicos, que afirman que los impulsos agresivos, competitivos, jerárquicos – homicidas inclusive – de nuestra especie Homo sapiens sapiens, son simplemente el resultado de la perpetuación de inmorales valores culturales, indeseables y barbáricos; velan ideológicamente por un futuro idílico desprovisto de tales viles y pérfidas aflicciones. La segunda categoría está formada por los realistas maquiavélicos: aquellos que toman como muestra y modelo de nuestra naturaleza humana nuestro vasto expediente prehistórico, histórico y actual; reconociendo a Platón cuando dijo: "solamente los muertos han visto el final de la guerra", concuerdan a su vez con Vegecio cuando nos advierte: "si vis pacem, para bellum" – "si queréis la paz, preparad para la guerra".

¿Por qué el guerrero? Consideremos primero lo que el guerrero implica. La respuesta, y aquí no hay sorpresa alguna, depende de a cuál de los bandos proponemos la pregunta ya que para ambos el guerrero tiene diferentes connotaciones. Para los idealistas utópicos el guerrero es el agente de la represión, de la imposición, de la jerarquía social, de la inmoralidad del dominio del más fuerte sobre el más débil, de la voluntad al poder. Para el realista maquiavélico el guerrero representa la disciplina, la auto-exigencia, la valoración – y por lo tanto la posición – del más apto por encima del menos adaptivo, y ante todo: la protección del estado, de la comunidad, de la familia contra la depredación de otros estados, comunidades, familias o individuos en la interminable lucha para la supervivencia.

Nietzsche, filósofo alemán de la segunda mitad del siglo XVIII, dijo: "De la escuela de guerra de la vida - lo que no me destruye, me hace más fuerte"; Quevedo, dramaturgo español del siglo XVI, diría: "La guerra es de por vida en los hombres, porque es guerra la vida, y vivir y militar es una misma cosa"; Sun Tzu, estratega militar chino aproximadamente del siglo V A.E.C. (Antes de nuestra Era Común), diría: "El arte de la guerra es un asunto de una importancia vital para el estado; es la provincia de la vida y de *la muerte, la vía que conduce a la supervivencia o al aniquilamiento. Es indispensable estudiarla a fondo"; John Adams, presidente americano del siglo XVIII y prócer de los EE.UU., diría: "Debo estudiar la política y la guerra que mis hijos puedan tener la libertad para estudiar matemáticas y filosofía"; Macchiavello en 'El Príncipe' aconsejaría: "Y por lo tanto, un príncipe que no entiende el arte de la guerra, por encima de las otras desgracias de la lista, no puede ser respetado por sus soldados ni puede confiar en ellos. Él nunca debe, por lo tanto, extraviar de sus pensamientos el tema de la guerra y en la paz debe a sí mismo convertirse aún más en un adicto a su práctica que en la guerra, lo cual puede hacer de dos maneras: una en la acción, la otra mediante el estudio." Finalmente el filósofo y psicólogo americano William James, siglo XIX, diría: "La belleza de la guerra en este sentido estriba en el hecho de que sea tan congruente con la naturaleza humana. La evolución ancestral nos ha hecho [a todos] guerreros potenciales."*

Hace muchos años di una presentación en un curso de política internacional sobre la psicología y la moralidad del 'détente', la estrategia política de neutralización de la agresión militar a través de la proliferación bilateral de armas de destrucción en masa que llevaron a cabo los EE.UU. y la Unión Soviética durante gran parte de la denominada Guerra Fría. Para comenzar empleé como analogía la relación entre la disponibilidad de armas de fuego y la violencia efectuada por las mismas. En los EE.UU. hay un eslogan muy común entre aquellos que defienden a brazo partido los derechos constitucionales a la posesión de armas: "las armas no matan a las personas, las personas con armas matan a las personas". Es cierto. Está muy claro que el revolver no cobra pies, ni brota dedo en el gatillo, ni voluntad y puntería con los cuales disparar y dar con un objetivo humano. Pero también es verdad que si ese humano, con intenciones letales, estuviera desprovisto de la disponibilidad del arma de fuego y tuviera que recurrir a sus puños, al bate de beisbol, o incluso al cuchillo, lo más seguro es que pensaría dos veces antes de tratar de descargar su agresión.

La realidad es que aunque es cierto que las armas de fuego no matan solas, también es cierto que es más fácil matar con armas de fuego que sin ellas. Habiendo establecido eso, dejé muy clara mi posición de que en una sociedad moral, ética, solamente los agentes de la seguridad, sancionadas por la sociedad misma – policías, soldados, guardias de seguridad – deberían tener acceso a armas de fuego. "Estoy," dije "tan en contra de la disponibilidad de armas de fuego como lo estoy contra las de destrucción en masa". Las expresiones de indignación y desdén en los rostros de los realistas maquiavélicos contrastaban fuertemente con las caras de aprobación y apoyo de los idealistas utópicos.

Pero aún no había terminado. "Lo malo", afirmé, "¿es que en un mundo real quién me va a asegurar que solamente los agentes de la seguridad, aquellos homologados por la sociedad misma, o sea, los policías, los soldados, los guardias de seguridad, vayan a ser los únicos con acceso a las armas? Peor aún, en el escenario internacional, al igual que en los Estados Unidos, la venta indiscriminada de armas de todo tipo nos priva de la opción ética, moral, civilizada, del desarme general. Los que las tienen no las van a prescindir de ellas voluntariamente. La realidad", continué, "es que en todas partes del mundo, a pesar de las leyes de control de armas, los criminales siempre encuentran acceso a las mismas, dejando al ciudadano promedio, respetuoso de la ley y sin los recursos de los miembros adinerados de su sociedad para contratar guardias de seguridad, indefenso ante la agresión depredadora de los delincuentes a su alrededor. ¿Qué es lo que más va a prevenir que entre un ladrón o un secuestrador a mi casa? ¿El temor a la policía, o el temor a mi escopeta de cañones recortados?"

Uno de los presente, miembro de los idealistas utópicos, interrumpió mi discurso y recalcó que "en caso de que tuviera Usted escopeta, los criminales vendrían con semiautomáticos y en mayor número". "No es cierto", repliqué: "irían a robar en casa de mi vecino donde no tiene medios de protección", sellando así el argumento. Luego continué con mi presentación recalcando que no estaba – ni estoy hoy en día – a favor de la proliferación de armas de destrucción en masa, pero que hay que reconocer que una guerra únicamente se inicia cuando uno de los bandos cree poder tener una victoria – solamente los extremistas religiosos aceptan la muerte propia con el fin de ver el ocaso ajeno. En esencia, es por eso tanto los EE.UU. como la Unión Soviética evitaron, durante décadas, un enfrentamiento militar directo: ningún ser racional encuentra ventaja en la destrucción propia para lograr la ajena.

Terminando mi presentación el mismo individuo que me interrumpió anteriormente me acusó de hipócrita, alegando que cómo podría estar a favor de la disponibilidad de armas entre la población civil si por otro lado digo que en una sociedad civilizada y moral no se permitirían. *"No estoy a favor de su disponibilidad"*, le respondí, *"solamente que mientras que los malos las tengan considero irresponsable dejar a mi familia desprotegida solamente para poder presumir de lo civilizado y moral que soy."* Jaque mate.

¿Por qué el guerrero? Simple. Porque no vivimos solos en el mundo, y mientras que uno pudiera esmerarse dentro de los confines de sus propios límites territoriales o esferas de influencia (familiares, tribales, o nacionales) en crear una sociedad basada en principios loables – como aquellos de la revolución francesa de "libertad, igualdad, y fraternidad", etc. – no van a servir de gran cosa desprovistos de la capacitad para proteger esas fronteras o comunidades, o bien de posibles agresiones exteriores o bien de aquellas efectuadas por entidades o individuos dentro de las mismas que quisieran descarrilar o corromper esos principios para sus propios intereses. De nada sirve un "bien" si por débil no puede protegerse del "mal".

¿Por qué el guerrero? Veamos: durante una buena parte de nuestra historia, y sobre todo con el advenimiento de la civilización, las sociedades humanas se han dividido en castas, cada una especializada en un área de máxima importancia al bien común: la productora de alimentos (agricultores y ganaderos), aquella dedicada al comercio (la comerciante), aquella dedicada a la protección y a la manutención del orden establecido (la guerrera), y aquella dedicada a la interacción con los dioses para asistir a los humanos en el rendimiento favorable de las tres

anteriores (la sacerdotal). De acuerdo a esa división social, las castas guerreras y sacerdotales se han disputado las posiciones de élite social – no tanto por cuestiones de moralidad sino por cuestiones de practicidad. Los sacerdotes arriba por la protección que ofrecen contra los adversarios más poderosos, los dioses, y después los guerreros por la protección que ofrecen contra los segundos oponentes más letales: otros seres humanos. De hecho lo que vemos a lo largo de la historia de la cultura es la moral con tremenda frecuencia procede de lo práctico.

¿Por qué el guerrero? Porque, dado que los dioses nunca han sido confiables, cuando los guerreros no han logrado cumplir con sus deberes de protección culturas enteras han desaparecido bajo la espada de invasores más poderosos. ¿Por qué se practica el catolicismo y por qué se habla castellano y portugués en la mayor parte de la América latina?

¿Por qué el guerrero? Para aquellos que comprenden el significado e impacto de los factores que determinan la evolución de una especie, las palabras de William James retumban con tremenda sobriedad: a lo largo de centenares de millones de años los pueblos menos guerreros, aquellos menos adeptos en el arte de la guerra, simplemente dejaron de existir ante la agresión de otros más capaces, y con el ocaso de los vencidos la desaparición de sus genes del acervo cultural de la especie. "La evolución ancestral nos ha hecho [a todos] guerreros potenciales."

¿Por qué el guerrero? Porque la evolución de una especie procede a través de la mejor adaptación a las condiciones adversas en las que se desenvuelve y a la desaparición de aquellos *que no logran dar la medida – o la condenada existencia de una muerte en vida sometidos y explotados por otro pueblo más poderoso. Y si los más vulnerables de una sociedad logran sobrevivir es porque otros más fuertes, los guerreros, están capacitados y concertados para sacrificar sus vidas para que así sea.*

¿Por qué el guerrero? Porque a pesar de las posibles connotaciones negativas del lado oscuro de ese arquetipo, el guerrero sigue siendo el modelo de Hombre – y de ser humano – que mejor ilustra y congrega los valores más nobles y más aspirados de nuestra especie por encima de los más repugnados y aborrecibles: el sacrificio a una causa altruista y la heroicidad por encima del egoísmo particular; el orden y el respeto por encima de la anarquía, la irreverencia y el desacato; el auto-dominio por encima del descuido y la negligencia; la disciplina por encima de la conformidad y la inmundicia; la auto-exigencia por encima del auto-consentimiento y la comodidad personal; la práctica y el estudio constante por encima de la ignorancia y la complacencia; el control de la fuerza y del poder por encima del desenfreno, del libertinaje, la impunidad, y la corrupción; el valor del mérito ganado y del servicio cumplido por encima del prejuicio y del favoritismo privilegiado. Si en el pasado y en el presente los guerreros no han cumplido con el ideal el defecto no está en el ideal mismo, sino en su representación humana.

Bien podríamos concluir este ensayo con las siguientes palabras de John Stuart Mill, filósofo británico del siglo XIX: "La guerra es una cosa fea, pero no es la más fea de las cosas. El estado de descomposición y de degradación de la sensibilidad moral y patriótica de aquellos que piensan que no hay nada por lo cual valga la pena la guerra es mucho peor." Lo verdaderamente interesante es que a través de mis viajes y estancias he podido observar también que ese "estado de descomposición y de degradación moral" del que nos advierte John Stuart Mill y que aplica tanto a individuos como a naciones, lo fomentan mucho más precisamente aquellos que se preguntan "¿por qué el guerrero?"

He Dicho. Así Es. Y Así Será.

EL COLONIZADO

Lleva arrastrando a la cadena de su presente
el ancla de su pasado del que no se libera
de una historia que ignora y de mitos
y fantasías de una gloria ancestral que añora
pero que nunca y jamás hereda.

Deplora la disciplina,
desdeña la corrección,
rechaza el aprendizaje y detesta
la llamada de atención a la falta propia
pero con el lamento del ajeno en la garganta
vive de queja en queja – eso sí le encanta
y se resiente y se espanta de cualquier consejo sabio
que incluyan un "tú mismo", "cambia" o "levanta"
así se planta el Colonizado.

Adora a una idea de su confianza y conveniencia
hecho en su imagen y apática semejanza
que nada le exige pero que todo lo perdona
como una estatua impasible
a la aborrecible miseria humana.
Es lo que emana del mentado
de sus cuatrocientos años de arrodillado.
Condenado al patíbulo de su propia fe
sigue orando al mismo dios sordo e inepto
votando por el político cuan más infecto
tocando la misma tecla en la vida
y esperando nuevo sonido...
indiferente al implacable pitido del tiempo que pasa.
Es la verdad rasa del Colonizado.

Despilfarrando la vida entre trancas libertinas
pasiones vanas, arranques sin subidas,
y demás desatinos desechables de su soberbia
se declara "¡libre!" en su condicionada mente
pero en su demente conformidad de necio iluso
es recluso en una realidad que no quiere ver...
la realidad de ser... un Colonizado.

CAPÍTULO 6

¿Polí- Qué?

Terminados los seminarios de esa tarde, Don Juan se encuentra sentado en el sofá de su consultorio, relajándose, retirado de los alumnos mientras que su asistente Maribel se ocupa de despedirlos. Minutos después entra y se sienta a su lado en el sofá, unos centímetros más cerca de su acostumbrada distancia 'profesional'.

⌑ "¿Cómo estuvo el resto del seminario de *'Hombre a Hombres'*?", preguntó Maribel.

⌑ "Bien, ni siquiera terminamos de discutir el ensayo de *'¿Por qué el guerrero?'*, así que no llegamos a la poesía, ni mucho menos al resto de las diez primeras frases de la *Odisea*", dijo Don Juan. "¿Y tú por dónde te perdiste?", agregó el maduro profesor, con una sonrisa ligeramente embriagada por la fatiga y más coqueta de lo que hubiera de otra manera deseado.

⌑ "¡Ay Juan! ¡Qué despistado eres!", dijo ella, siguiendo el convenio establecido por años de tutearle fuera de horas de trabajo. "¿Es posible que no te acuerdes? Te avisé de que tendría que ir por mi carro antes de que cerrara el taller", alegó la joven, respondiendo instintivamente a la sonrisa de Don Juan con un leve, pero íntimo, contacto en su antebrazo.

⌑ "Pues ahora que lo dices, sí, sí me acuerdo."

⌑ "Pero luego me tuvieron esperando porque antes de salir se dieron cuenta de que no me habían cambiado las balatas de los frenos y eso llevó mucho tiempo. Pero bueno, al final llegué, y lo primero que me gustaría que me dijeras es, ¿cómo estuvo el seminario de *'La Ciencia de las Relaciones'*? Me perdí una buena parte del inicio. ¡No sabes qué rabia me da! ¡Con las ganas que tenía yo de asistir! ¿Tienes algo de tiempo ahorita para hablarme de lo que trataron?", preguntó la joven, que abría su libreta de apuntes a la página deseada con la mano derecha, mientras la izquierda reposaba inocentemente sobre el muslo derecho de Don Juan, el cual sintió una descarga eléctrica que le recorrió a lo largo de la pierna y que le subió hasta la pelvis. 'Ahora no', es lo que le decía una voz en su cabeza, pero lo que oyó saliendo por su boca fue todo lo contrario. Sintiendo y a la vez analizando las maniobras de su asistente-discípula, Don Juan respondió:

⌑ "Claro que sí, ¿cómo no?" Una sonrisa ebria, pintada por el cansancio del día y el entusiasmo de otro gran seminario, marcaba su rostro.

⌑ "Gracias Juan. Pero antes de nada quisiera decirte lo que me encantan tus seminarios, y darte las gracias por no solamente no cobrarme, sino por pagarme por atenderlos como si fueran horas de trabajo. Quiero que sepas que yo atendería aunque tuviera que pagarlo de mi propio bolsillo."

⌑ "Jajajaja. Pero no fue así al principio, ¿verdad? ¿Cuándo llegaste?", respondió Don Juan con amplia sonrisa.

⌑ "¡Huy no! Al principio todo me parecía distinto. Me parecías como de otro planeta con tus ideas tan radicales. No sé qué era más intimidante si tu porte o tu intelecto, pero cómo me intimidabas a mí tanto como a todos los demás, pero poco a poco me fue calando tu plática y conforme iba abriendo los ojos a mi alrededor me iba dando cuenta de que tenías razón, ¡en todo! ¡Y no sabes cómo eso me fastidiaba de ti!"

⌑ "¿Ah sí? Jajajaja. ¿Y por qué?", preguntó Don Juan, muy entretenido por el tema de la conversación.

◻ "Porque no me dejaba excusa para seguir siendo igual, y eso al principio me daba miedo."

◻ "¿Miedo? ¿Por qué miedo?", preguntó Don Juan, su sonrisa burlona ya tallada en su rostro.

◻ "Sabes muy bien por qué. Porque entonces iba a ser diferente a los demás y ya no podría encajar. Me enojaba tanto eso de ti. Sentía a veces que con cada seminario que asistía me ibas quitando algo de mi libertad…"

◻ "¡JAJAJAJAJA! ¿De tu libertad? JAJAJAJAJA ¿Oye, pero no se supone que la educación es para liberarte, no para encarcelarte?"

◻ "¡Anda calla y déjame terminar!", respondió la joven, golpeándole juguetonamente en su musculoso hombro derecho. "No das a la gente opción de seguir siendo como son, les pones un espejo para que se vean y lo que ven en ese espejo es tan feo que o aceptan esa fealdad o se comprometen a cambiar. La mayoría huyen tratando de olvidar esa imagen de sí misma que tú les has mostrado pero no lo consiguen, así que te resienten por ello. ¡Luego encima no me hacías caso! ¡Y eso me repateaba como no tienes ni idea!"

◻ "¿Cómo que no te hacía caso?"

◻ "No te hagas el tonto, ¿eh? ¡Sabes perfectamente a lo que me refiero!"

◻ "¡JAJAJAJAJA! Tu ego femenino."

◻ "¡Cuidado Profesor Doctor Señor Don Juan! ¡Ya sabes que el infierno no tiene furia como el de una mujer desdeñada! ¡No tendremos esos músculos pero somos poderosas!", dijo

Maribel, riéndose, ahora cambiando de posición en el sofá, poniéndose de lado, la pierna izquierda doblada con el pie debajo de la corva de la derecha y el brazo derecho recostado sobre el respaldo del sofá. A Don Juan no le quedó más remedio que girar ligeramente hacia su derecha para adoptar una postura similar a la de la joven.

¤ "Es un placer tenerte en todos los seminarios y talleres, Maribel", respondió Don Juan, esquivando la estocada directa y encaminando la plática por aguas más seguras; pero el giro súbito no pasó desapercibo por su interlocutora. "Para empezar ya sabes que casi siempre ocupo ayuda así que me parece justo pagarte por tu presencia. Además, es un beneficio mutuo; tú me ayudas en los seminarios, y seguro que algo de lo que aprendes te ayuda a mejor desempeñar tus funciones aquí, y mira, si te sirve ese conocimiento en tu vida fuera del trabajo, pues mejor aún. Agradecido estoy de que te interesen tanto que aceptes trabajar horas extras de tu tiempo libre", agregó Don Juan, sus ojos sonreían de plena sinceridad, pero a la vez mantenían la guardia de aquel que sabe medir cuidadosamente sus palabras y controlar la dirección de conversaciones.

¤ "¿Entonces no estás ocupado ahorita?", preguntó la joven con cierta timidez, agregando, "Vi tu horario y no tienes ninguna cita más hoy, así que pensé que era un buen momento para hacerle unas preguntas. Como sabía que estarías cansado y hambriento me tomé la libertad de encargarnos algo de sushi – yo invito", agregó la joven con una sonrisa amplia. Instantáneamente las cejas de Don Juan se elevaron conforme que su mirada se encontró con la amplia y coqueta risita de su asistente.

⚏ "¿Sushi dices?"

⚏ "¡Sushi sí, y mucho!", respondió Maribel.

⚏ "Pero te habrá costado..."

⚏ "¡Ni lo menciones! Estamos celebrando y yo te invito."

⚏ "¿Estás segura? Puedo pagar una parte..."

⚏ "¡Ni se te ocurra!", exclamó la joven cubriéndole la boca suavemente con el dedo índice de su mano derecha.

⚏ "¡Bueno, está bien! ¿Qué mortal pudiera resistir una invitación de sushi y tan linda compañía?", preguntó Don Juan retóricamente, encogiendo los hombros en un gesto de impotencia. "¡Adelante! ¿Qué quieres saber?", agregó sonriente y relajado pero ahora de pronto incorporándose para poder enfocar su atención en el diálogo siguiente que por el tono de su asistente y el contexto sabía muy bien que se desarrollaría en múltiples niveles.

⚏ "Fue fascinante la temática de hoy. Lástima que me perdiera tanto. Pero tengo ciertas preguntas que anoté en mis apuntes."

⚏ "¡Dale entonces! ¿Qué quieres saber?"

⚏ "Para empezar lo que me perdí del comienzo de 'Ciencia de la Relación'."

⚏ "Bueno, a ver... hablé del cortejo en términos universales humanos y a veces haciendo referencias a correspondencias en el resto del reino animal."

⚏ "¿Del cortejo? ¡Guau! ¡Estoy fascinada! ¿Y qué dijiste sobre el cortejo?", preguntó la joven a su mentor.

¤ "Pues resumiendo que el cortejo tiene ciertas fases reconocibles en casi todos los animales. Comenzamos por la fase de atracción, o sea, de "llamada de atención" en la que el macho o la hembra trata de llamar la atención a miembros del género opuesto – por lo general, ya que estamos hablando de generalidades – y como tanto las mujeres como los hombres, como los machos y hembras de tantas especies, tienen gestos o movimientos reconocidos en la especie para captar la atención del género opuesto."

¤ "Bueno, llamada de atención, me imagino que eso incluye perfumes, maquillajes, faldas cortitas...", añadió la joven.

¤ "Tacones, peinados...", agregó Don Juan.

¤ "Escotes, sujetadores que levantan, separan o aumentan el busto. Captado. ¿Y después?", inquirió Maribel, con suma fascinación.

¤ "Después viene la fase de reconocimiento en la cual una vez captada la atención hay contacto visual, por ejemplo, y ambos sujetos entran a una distancia en la cual ahora puede darse la siguiente fase que es comunicación, típicamente hablada."

¤ "O sea, conversación", concluyó la joven, "como lo estamos haciendo tú y yo ahora", señalando a los dos en repetidos gestos con un vaivén de la mano derecha. "¿Y? ¿Y después?", insistió la asistente-estudiante en saber.

¤ "Pues no hay que subestimar la fase de conversación ya que es crítica. Ahí es donde se decide si se va a dar o no la siguiente, que es la fase de contacto físico, de la acaricia o del toque. Normalmente la mujer es la que inicia esta fase primero ocasionando contactos leves y casuales pero que siempre tienen impactos fisiológicos y psicológicos contundentes", dijo Don Juan.

⧗ "¿Contundentes? ¿O sea, un leve roce de una pierna contra otra o de una mano en un brazo es una indicación clara de qué?", insistió Maribel en saber, con un tono deliberadamente sarcástico.

⧗ "Una indicación al inicio de la quinta fase: la sincronización en la que ambos toman posiciones parecidas, o se mueven en sincronía, digamos que hay una coordinación discernible entre ambos, una coordinación que indica una armonía de intenciones en vez de una discordancia de las mismas", respondió Don Juan con fingida seriedad. "¡Ah!", exclamó Don Juan lanzando las manos al aire como para recalcar la importancia del punto que quería resaltar.

⧗ "¿Ah? ¿Ah qué?", preguntó Maribel con verdadero entusiasmo.

⧗ "¿A que no sabías en la especie humana cuál es el género que se encarga de iniciar el 90% de los cortejos?", preguntó Don Juan.

⧗ "¡Pues las mujeres claro! Eso ya te lo había oído decir en varias ocasiones y siempre te he llevado la razón. Nos gusta hacer creer a los hombres que están a cargo para que se esmeren en conquistarnos, pero es pura artimaña para que nos consientan y nos compren cosas. Sabemos desde el inicio, y sobre todo desde la fase de la conversación si nos gusta o no. ¡Lo sorprendente es que sea sorprendente para los hombres cuando es tan obvio para todas nosotras! Al menos que nos estén vendiendo como esclavas en un bazar de algún país musulmán, nosotras escogemos y lo hacemos antes de que los hombres siquiera se den cuenta", afirmó Maribel con tono desafiante.

¤ "¡Mujer, si te vas a poner en plan militante me largo! ¡Suenas como esos que no toman prisioneros!", alegó Don Juan con fingiendo intimidación.

¤ "¡Jajajajaja! ¿Y qué posible peligro podría ser yo siendo tan pequeñita contra ti que eres tan grande en comparación?", preguntó Maribel con voz burlona, y luego cambiando a un tono completamente seria, añadió: "¿Sabes que yo nunca te lastimaría, verdad Juan?" a lo que Don Juan respondió con una sonrisa y asintiendo con la cabeza.

¤ "Las mujeres toman la iniciativa de forma sutil, pero en cierto momento la ceden al hombre para que el proceso proceda", agregó Don Juan, de nuevo evadiendo.

¤ "Eso las mujeres también lo sabemos", afirmó Maribel, sin dejarse disuadir de su presente estado de ánimo, agregando: "¿Y qué más dijiste antes de llegar yo?"

¤ "Mmmm... Después hablé de cómo el cortejo en muchos casos se cierra con un manjar o con una comida."

¤ "¿Con una comida? ¿Claro, acaso no dicen que al hombre hay que entrarle por el estómago? ¡Jajajaja!"

¤ "Eso dicen, pero normalmente en la naturaleza el varón le lleva una presa o un manjar a la hembra y si la acepta copulan. Es una forma de demostrar que es un buen proveedor", replicó Don Juan.

¤ "Menos mal entonces que nosotros somos animales un poco más libertados, ¿no crees?", dijo Maribel, sin perder para nada su sonrisa, una sonrisa que anunciaba una alegría interior que no podía sino contagiar a su mentor.

⌧ "Somos más animales de lo que crees. Hoy hablé de feromonas. Creé un escándalo cuando dije a los alumnos que el sudor de las axilas de la mujer estimula la sexualidad masculina", dijo Don Juan.

⌧ "¡¿Qué?! ¡No es cierto!", exclamó Maribel con fingido escándalo, agregando: "De hecho estabas en medio de todo eso cuando entré yo."

⌧ "Es totalmente cierto. Es una de las muchas formas en la que estamos predeterminados por nuestra biología. ¿No sé si mencioné que había un novelista francés del siglo XIX salía a los campos para oler a las mujeres trabajando?"

⌧ "Al menos yo no te lo oí mencionar, quizás lo dijiste antes de entrar yo. Pero sí te oí lo que dijiste de Napoleón que mandó una carta a su esposa Josefina para decirle que vendría mañana y que no se lavara. Eso a las mujeres nos parece tan… tan… tan barbárico. ¡Así que nosotras gastando lo que no tenemos en perfumes y desodorantes y lo que a ustedes les gusta es el olor a mugre! ¿Quién los entiende?"

⌧ "Bueno, no cualquier olor de la mujer es sexualmente provocador para el hombre, ¿de acuerdo? Pero es muy reconocido que el olor a sudor, sobre todo de las axilas, como dijo el novelista francés, 'fácilmente desata el animal en el hombre'. Y es algo que he puesto en práctica con las parejas que tienen problemas sexuales desde hace mucho tiempo y con tremendos resultados."

⌧ "¿Pero no hay hombres que les de asco ese olor?"

¤ "Bueno, para empezar ten en cuenta que es un olor de intimidad, o sea, que si se presta a una relación sexual deseada desencadenará las reacciones hormonales correspondientes en el hombre; pero si por lo contrario, si la fuente, digamos, del olor le resulta desagradable o sexualmente inapropiada lo más seguro es que proceda a una rechazo. Lo mismo se puede decir con respecto al olor de la menstruación. En la pareja deseada estimula y provoca un acercamiento, en otras mujeres puede tener todo el efecto contrario. ¿No has oído nunca esa canción *'Son tus perjumenes mujer'*?", preguntó Don Juan.

¤ "¡Jajajaja! ¡Sí! *'Son tus perjumenes mujer, los que me sulibeyan, los que me sulibeyan, son tus perjumenes mujer'*. ¿Esa?"

¤ "La misma."

¤ "Nunca supe lo que quería decir *'sulibeyan'*."

¤ "Pues yo precisamente tampoco, solo lo intuí, pero el significado creo que está claro: el olor natural de una mujer tiene el poder para hechizar al hombre. La vista quizás sirva para atraer, pero según muchos estudios, el olfato es lo que nos apasiona. El olfato, por cierto, es el único sentido que va directamente a la corteza cerebral sin pasar por el tálamo, así que es un estímulo que entra en bruto, sin filtros. Y las feromonas nos afectan aun cuando no somos conscientes de los olores", explicó Don Juan.

¤ "¿Y con eso decidiste iniciar el programa? ¿De toda la información posible, por qué con ese detalle?", preguntó Maribel.

☐ "Porque demuestra que somos animales, seres encarnados, o sea, en carne, no seres espirituales atrapados en un cuerpo. No hay mayor espíritu o alma que la mente misma, y la mente no es nada sin el cerebro, simplemente no existe. Si no comenzamos a aceptar lo que somos nunca vamos a entendernos ni mucho menos sabernos llevar ni en pareja, ni en familia, ni en sociedad."

☐ "Hubo un tiempo, cuando empecé aquí, que como buena necia ignorante que era te hubiera discutido todo eso de la evolución, pero luego con el tiempo me di cuenta del poco sentido que tenían mis creencias y que no tenían nada de congruencia, ni las creencias mismas ni las conductas de las personas que dicen creer en ellas. Cuanto más abrí los ojos para ver, más absurdo me pareció todo, y más quise aprender para entender y abrir más los ojos, así en un círculo vicioso. Al principio me daba miedo pero luego me fascinaba más y más todo lo que enseñabas, y ya ves, cuando no estoy aquí trabajando o estudiando, estoy leyendo y aprendiendo. Te quería decir que estoy totalmente de acuerdo con lo que dices que a las mujeres jóvenes les conviene más los hombres maduros, y que es una forma de identificar la madurez en la mujer, de ver la diferencia entre las niñas, las muchachas y las adolescentes que adoran a andróginos como Justin Bieber de las mujeres que buscan hombres más formados, más masculinos, y sobre todo más interesantes", comentó Maribel con un guiño. "¿Pero cómo llegaste a la conclusión de que a los 25 años hay un cambio radical en las mujeres en cuanto a sus gustos en los hombres y sus actitudes con respecto a las parejas? ¿Basados en estudios científicos, sociales...? Te pregunto porque en cuanto lo dijiste en clase me puse a pensar en mí misma y en muchas de mis amigas y me di cuenta de que era muy cierto, quizás no exactamente a los 25, pero sí conforme se acercan a los 30. ¿Hiciste una encuesta o algo? ¿Cómo lo supiste?", preguntó la joven con suma curiosidad.

- "JAJAJAJA. Pues también es cuestión de biología, del reloj biológico", respondió Don Juan sonriente.
- "¿Tan sencillo?"
- "O tan complicado. Como quieras verlo."
- "Pero entonces, ¿solamente somos organismos reproductores de genes?", preguntó la joven tan entusiasmada como intrigada. "Ya he aceptado eso de que somos seres resultado de una evolución genética como cualquier otro ser vivo en la Tierra, y hasta he reconocido que las ideas de una existencia después de la muerte, pues, son bien infantiles. ¿Pero entonces? ¿Qué significado tiene la vida?"
- "Jajajaja. Bueno, Maribel, en cuanto a qué significado tiene la vida, sé que te gusta leer así que te recomiendo una colección de libros titulados '*La Saga del Tao del Sennin*' que comienza con '*Penuel: El Rostro Descubierto de Dios*', escritos por mi autor favorito. Son geniales, te lo aseguro. De lo mejorcito que ha escrito Shodai", aseguró Don Juan.
- "¡Ya sé muy bien cuál es tu autor favorito! ¿Y qué hay de lo otro que te pregunté? ¿Solamente somos seres genéticos predeterminados por impulsos biológicos para el propósito de nuestra reproducción? ¿Podrías elaborar sobre esa parte al

menos?", preguntó Maribel, agregando: "Lo digo porque siempre pones mucho énfasis en cómo la biología afecta la conducta, y las emociones, y hasta el pensamiento, y este programa pues lo resalta como directamente."

⌐ "Hmm… Buena pregunta. Date cuenta de que en el ser humano en todo momento están operando tres fuerzas – de acuerdo al paradigma biopsicosocial que aplica tanto a la enfermedad como a cualquier aspecto de nuestra existencia", dijo Don Juan.

⌐ "¿El paradigma biopsicosocial?, o sea, que somos animales o sistemas que tienen tres dimensiones que operan de forma integrada, ¿no?, una biológica, otra psicológica y otra social, o sea, del ambiente en el que vivimos o estamos. ¿Verdad?", inquirió Maribel, segura de haber acertado.

⌐ "¡Excelente!", exclamó Don Juan.

⌐ "¡Ves como sí te pongo atención!"

⌐ "Eso… nunca lo dudé", respondió Don Juan sonriente.

⌐ "Sabes Juan, desde que he empezado a valorar el conocimiento estudiando aquí contigo, muchas veces me he arrepentido de no haber puesto más atención en mis estudios anteriores, pero desde que empecé a trabajar aquí me he dado cuenta de lo maravilloso que es estudiar y aprender cosas nuevas. Todo eso te lo debo a ti", reiteró Maribel, su mirada ya no sonriente, sino enternecedora, sus ojos a punto de lágrimas.

⌐ "Ah pues muchas gracias. Es un verdadero placer. Volviendo a lo del paradigma biopsicosocial…"

¤ "¡Sí, claro!", dijo Maribel, forzando una sonrisa y secándose los párpados con el dorso de las manos.

¤ "Pues ten en cuenta que en todo momento como seres biológicos, y sociales, y psicológicos que somos – o sea, dotados con una mente muy complicada y muy evolucionada – tenemos esos tres factores operando, y a menudo de forma contradictoria. Esos tres factores o dimensiones interactúan para dictaminar nuestros estados de ánimo, nuestros pensamientos, nuestras conductas", explicó Don Juan.

¤ "Esa parte la entiendo, ¡pero no me has respondido sobre cómo supiste lo de las chicas mayores de 25!", insistió Maribel.

¤ "¡Jajajaja! Pues es que como creo te iba diciendo – digo 'creo' porque como he hablado tanto hoy ni me acuerdo de todo lo que he dicho ni a quién – el reloj biológico en la mujer es muy importante y nos recuerda hasta qué punto estamos sujetos a presiones biológicas, en este caso reproductivas. A los 25 años de edad muchas mujeres, al menos en las culturas occidentales que yo he conocido, ya se dan por 'casi 30', y si no tienen ni hijos ni pareja, empiezan a preocuparse por su fertilidad, por si van a ser madres o no. Hay ciertas sociedades hoy en día, como la española por ejemplo, donde cada vez más y más mujeres optan por no tener hijos, pero ahí vemos la sociología imponiéndose sobre la biología. De todos modos es un fenómeno algo anómalo, como eso de la excepción que confirma la regla, podríamos decir. La mujer se preocupada del plazo que tiene de fertilidad porque su tiempo como entidad reproductora es muy limitada en comparación al hombre. Teóricamente al menos, un hombre puede engendrar hijos hasta que muera. Charlie Chaplin estaba en los mediados de sus 70s creo cuando tuvo su último hijo. Así que mientras que una mujer es fértil digamos, desde los 15 hasta los 45, por tomar un número fácil de manejar, para un total de 30 años, un hombre es fértil, por decirlo, desde los 15 hasta los 75 – un total de 60 años: el doble del tiempo que la mujer. Si luego tomamos en cuenta que una mujer como mucho podría tener, ¿cuántos?, ¿20?, ¿30 hijos? ¡Como mucho! Mientras que un hombre podría engendrar millones, centenares de millones de hijos, vemos que esos detallitos biológicos van a tener grandes consecuencias en nuestra conducta como especie animal que somos, evolutivamente programados para la reproducción", concluyó Don Juan.

⌶ "¿Pero, qué consecuencias tiene eso?", preguntó Maribel.

⌶ "¡Uf! ¡Muchas! ¡Demasiadas!", exclamó Don Juan, de pronto tratando de moderar su tremendo entusiasmo. "Vamos por partes."

⌶ "Sí, por favor", respondió Maribel, que compartía el entusiasmo de Don Juan en el espíritu pero no en el contenido o al menos no en las 'consecuencias' de la conversación.

⌶ "¡Guau! ¡¿Pero por dónde empezar?!", expresó Don Juan retóricamente, quedándose callado por unos momentos como si formulando un plan estratégico para formular sus argumentos. "Bien", dijo de súbito, "si aceptamos que como seres vivos que somos, el impulso a reproducirnos sigue siendo bastante fundamental, quizás hasta determinante, entonces tenemos que aceptar que en cuanto al tiempo de vida, o la etapa de vida disponible para la reproducción, la mujer experimenta presiones de tiempo que el hombre no comparte. Eso para empezar. ¿Sí?"

¤ "O sea, que mientras que las mujeres tienen ciertas edades entre las cuales pueden tener hijos no es lo mismo para los hombres puesto que los pueden tener toda la vida", recapituló Maribel.

¤ "Efectivamente", afirmó Don Juan. "De hecho me viene a la memoria una profesora de terapia familiar que tuve en el doctorado de psicología clínica que nos decía – ten en cuenta que casi todas las alumnas en el programa eran mujeres – pues decía a las mujeres en el programa que no descuidaran su vida personal demasiado a favor de sus carreras, si es que pensaban tener una vida personal, entiéndase por vida personal una familia, porque, y estas son palabras textuales: *'Si a un hombre no le pillas antes de los treinta no le agarras hasta después de los cuarenta.'* Jajajaja", recitó Don Juan, riéndose a carcajadas.

¤ "Juan no entiendo nada. ¿Qué quería decir tu profesora con eso que te parece tan gracioso?", inquirió Maribel.

¤ "Lo que mi profesora quería decir es que lo que más presiona a los hombres para casarse tiende a ser el acceso regular y garantizado de sexo por un lado, y la comodidad de una sustituta materna por el otro. O sea, quieren una mujer que haga las veces de madre y de amante – legalmente. Si descubren, en sus veintes, que pueden sobrevivir sin mamá y que pueden conseguir suficiente sexo, sin compromisos, no se casan hasta que la presión de formar una familia – entiéndase por ello el tener hijos – no se convierta en una realidad, y en los solterones eso, si es que sucede, no pasa hasta los cuarentas. Para entonces las mujeres ya ni son fértiles."

⧜ "¿Hasta los cuarentas?", preguntó Maribel algo sorprendida.

⧜ "Esa es la edad en la cual los hombres solteros y sin hijos, o incluso divorciados pero con hijos ya crecidos, típicamente están mirando a las mujeres como posibles futuras madres para sus hijos ante todo, y no fundamentalmente como aventuras sexuales. Dicho de otra forma, los motivos por los cuales un hombre en sus veintes se casa son muy diferentes a las razones por las que se casa un hombre en sus cuarentas. ¿Me entiendes?"

⧜ "Sí, ahora sí lo comprendo mejor", respondió Maribel.

⧜ "¿Qué crees que significa eso?", preguntó Don Juan.

⧜ "Pues que hasta esa edad en realidad no están preparados para ser padres de familia en vez de niños buscando una madre suplente y amante fácil, como lo acabaste de describir. ¡Eso explica mucho! ¡Eso apoya tu teoría de que los hombres mayores deberían formar pareja con mujeres más jóvenes!"

⧜ "Sí, jejeje, pero no es 'mi teoría', sino una teoría bien establecida en la psicología de la evolución – aunque disputada, tengo que admitir", afirmó Don Juan.

⧜ "¿Disputada por quién o por quiénes?"

⧜ "En general por las feministas que tratan de negar la importancia o el peso de las diferencias biológicas entre los géneros de nuestra especie. Pero son una minoría y la verdad se toleran por razones políticas pero nadie la toma muy en serio."

¤ "¿No se les toma en serio por ser mujeres?", preguntó Maribel con obvia sospecha.

¤ "No, no porque sean mujeres. Nada de eso. De hecho hay ciertos hombres que están también en ese bando ideológico. No se les toma en serio porque niegan la evidencia que contradicen sus argumentos, o basan sus argumentos en evidencia que no viene directamente al caso o a veces que no aplica en absoluto. Van al revés de lo que debería hacer un científico. Un científico nunca debería ni desechar ni ignorar la evidencia que contradicen sus argumentos, ni por razones políticas, ni por su moralidad. La evidencia biológica, social, antropológica y psicológica apoya la teoría de que hay diferencias notables entre los géneros de nuestra especie, diferencias que no se explican simplemente en términos de cultura, o sea, de aprendizaje. Son diferencias arraigadas en nuestra biología por procesos de millones de año de evolución. Una de ellas es esto de la limitación de la capacidad reproductora en términos de años. Pero hay más", explicó Don Juan.

¤ "¿Cómo qué, por ejemplo?", preguntó Maribel.

¤ "Volvamos a la cuestión de la capacidad reproductora. Sabemos que tanto por número de años fértiles como por número de reproducciones posibles, el hombre supera a la mujer. ¿Sí?", dijo Don Juan.

¤ "Obvio. ¿Y?", respondió Maribel.

¤ "Pero ahora queda otra cuestión, relacionada pero que precisa ser detallada: ¿Cuál de los dos carga el mayor costo en la reproducción? ¿El hombre o la mujer?"

¤ "Por el embarazo lo carga ella así que ella", concluyó la joven.

¤ "¡Exacto! De ahí que las mujeres, desde el punto de vista biológico, deberían ser lo más selectivas posibles – de acuerdo quizás a criterios, en parte culturalmente determinados – en cuanto a con quiénes van a cruzar sus genes. Mientras que la estrategia reproductiva masculina puede ser vista en términos de *cantidad*, la de la mujer debe poner énfasis en la *calidad* porque ella es la que lleva casi la totalidad del costo de la reproducción – en su propia carne."

¤ "O sea, las mujeres tienen la mitad de los años reproductivos que los hombres, pueden reproducirse como 30 veces, como mucho, a lo largo de sus vidas, pero los hombres, en teoría al menos, pueden hacerlo millones de veces más que las mujeres, y encima nosotras tenemos que acarrear el 'costo' biológico, como tú lo llamas, de la reproducción. No me parece justo eso, pero lo entiendo", dijo Maribel.

¤ "¿Justo?", preguntó Don Juan.

¤ "Sí, justo. O sea, injusto. Me parece injusto", afirmó Maribel.

¤ "¡JAJAJAJA! ¿Te parece injusto que algunos animales nacen ratones y otros gatos, algunos gatos y otros perros, otros para ser mascotas y nosotros sus dueños? La vida no es justa, simplemente 'es'", insistió Don Juan.

¤ "Sí, lo sé. Lo sé. Pero… hay un problema con su teoría profesor", respondió Maribel con fingida formalidad.

¤ "Seguro que sí. A ver. ¿A cuál problema te refieres?", preguntó Don Juan, todo sonriente, divertido por el desafío de su protegida/asistente.

⌕ "Pues eso es lo que justifica, según tú, la típica promiscuidad masculina", replicó Maribel.

⌕ "Mmmm… no he dicho que la justifique, sino que explica la tendencia", respondió Don Juan.

⌕ "¿Entonces las mujeres tenemos que aguantarnos con que los hombres son infieles?", preguntó Maribel.

⌕ "Esa pregunta tiene varias respuestas. ¿Sabes? Por un lado el mito de la promiscuidad masculina desvanece cuando se tienen en cuenta las estadísticas. Aunque no llegamos a hablar de eso hoy en clase", indicó Don Juan.

⌕ "¿Las estadísticas de qué?", inquirió Maribel.

⌕ "No llegamos a eso hoy en clase, pero ya que salió el tema, la verdad es que estadísticamente hablando las últimos estudios indican un 57% de los hombres admiten haber sido infieles en una relación, mientras que unas 53% de las mujeres admiten lo mismo. Yo diría que son casi iguales. Y si preguntamos quién sería infiel si pudiera asegurarse de no ser descubiertos, un 74% de los hombres comparado con un 68% de las mujeres. Esas son las estadísticas más recientes que yo conozco. La igualdad de la mujer ahí se va manifestando con el tiempo.

⌕ "Pero Juan, me has dejado sin habla con eso de las estadísticas", expresó Maribel, literalmente boquiabierta.

⌕ "Pues depende del estudio y de cómo se formulan las preguntas, pero haz una pesquisa en Google y verás lo que encuentras y será algo siempre parecido: no solamente son los hombres los que son infieles en sus relaciones", indicó Don Juan, agregando: "Ahora, en cuanto a lo otro, la verdad, es que la mujer que se casa o entra en una relación con un hombre joven, viril, saludable, y cree que cuando sale de casa y vuelve a las 4 o 5 de la mañana que ha estado solamente tomándose unas copas con sus amigos es bien estúpida. Vale, algunas veces será verdad, pero la mayoría de las veces es una mentira como una catedral. Ha estado de putas y todos los hombres lo sabemos, pero como tantos son cómplices pues nadie dice nada."

⌘ "¡Juan, acabas de describir casi todos los hombres de mi familia, mis hermanos, los amigos de mis hermanos y mis propios amigos! Mis hermanos me decían lo mismo sobre mis novios pero nunca les creí. Pensé que les caían mal y estaban sembrando cizaña", explicó Maribel.

⌘ "¡Maribel, por favor! ¡Piensa! ¿Qué rayos puede hacer un hombre con sus amigos a las 3 de la mañana que no pueda hacer a las 6 o 7 de la tarde? ¿Y si un hombre está casado no debería ser tiempo de que dejara de salir con los amiguetes como un adolescente y tener cosas más serias que hacer con su tiempo? ¡Luego os quejáis las mujeres de que los hombres son inmaduros, pero con qué tipos de hombrecitos os envolvéis! No son hombres, son adolescentes envejecidos. ¡Solo falta que coleccionen juguetes y se pongan en el suelo a jugar a las canicas con sus compadres!", exclamó Don Juan con humor sarcástico.

⌘ "¡Jajaja! Pero eso aplicaría a las mujeres también. A muchas les gusta salir con las amigas a los bares y clubes aun después de casadas", comentó Maribel.

⌘ "¡Pues dime con quién andas y te diré quién eres! ¿Qué tipo de hombre serio, hecho y derecho, se va a casar con una mujer que sigue saliendo de clubes y bares con las amigas? Si queréis respeto tener que tenerlo para vosotras mismas."

- ¤ "Pero es que Juan antes las mujeres no eran libres para hacer tales cosas, como salir, o votar, o tener propiedad, así que ahora queremos todas las mismas igualdades que los hombres en todo. Por eso tengo amigas que son tan promiscuas como pudieran ser los hombres. Se acuestan con quien quieren y a la primera. ¿Cómo explica eso? ¿No sería eso una indicación de que nuestra biología no es tan determinante? Las mismas estadísticas que distes confirman una igualdad entre el hombre y la mujer, ¿no? O sea, contradicen tus teorías de la influencia biológica", razonó Maribel, muy sonriente.

- ¤ "¡Jajajaja! ¡Estaba esperando a ver si pillabas lo de las estadísticas!"

- ¤ "Ya sabes que no me gusta decepcionarte", respondió Maribel con un guiño.

- ¤ "En apariencia sí, pero no en realidad. Cuando indagas por qué los hombres son infieles y lo comparas con el por qué las mujeres lo son, vemos grandes diferencias, sobre todo en las mujeres después de 30 años de edad, te haré saber. Las causas de la infidelidad sí confirmas las teorías de la influencia biológica. Los hombres, estadísticamente hablando, claro, son infieles por el sexo, mientras que las mujeres, estadísticamente hablando, buscan vínculo emocional, siendo el sexo muy secundario. Por eso los hombres confiesan que no pueden ser amigos de las mujeres mientras que las mujeres no lo entienden y dicen lo contrario. Simple: los hombres cogerían un agujero en la puerta si la puerta tuviera pechos y caderas, mientras que las mujeres quieren algo mucho más emocional", concluyó Don Juan, con una sonrisa de satisfacción, agregando de inmediato: "¿Sabías que yo fui psicólogo para prostitutas en el correccional juvenil?"

¤ "No, no lo sabía. O sí quizás lo supe pero como que no se me quedó en la cabeza. ¿Y?", preguntó Maribel.

¤ "Fíjate que la violación sexual resulta un acto traumatizante incluso para prostitutas – mujeres que son servidoras sexuales, que se ganan la vida teniendo relaciones sexuales con extraños", indicó Don Juan.

¤ "¿De verdad?", preguntó Maribel, perpleja.

¤ "Sí de verdad. Parece ser entonces que la imposición del acto sexual sobre la mujer es universalmente reconocido como un trauma mental, aun en la ausencia de daño físico. Aun en el caso de que sea una pareja o incluso el marido quien la obliga a tener relaciones", comentó Don Juan.

¤ "Pues sí."

¤ "Déjame ponerte un escenario hipotético" dijo Don Juan.

¤ "¿Hipotético?", preguntó Maribel.

¤ "Sí, hipotético", respondió el veterano Don Juan.

¤ "Ándale pues. A ver tu 'escenario hipotético'", dijo Maribel, graciosamente señalando las comillas en el aire alrededor de las palabras 'escenario' e 'hipotético'. Dos cosas eran evidentes en Maribel durante las conversaciones con Don Juan. La primera era que las charlas resultaban más que meramente agradables para ella – le resultaban encantadoras; la segunda era que aún más que la conversación le agradaba la compañía, tanto así que a veces perdía el hilo de la plática o de la lectura admirando al hombre mismo.

⌑ "Si una de esas amigas promiscuas tuyas que me mencionabas antes", iba diciendo Don Juan, "fuera agarrada en contra de su voluntad, por diez hombres por ejemplo, diez hombres de la calle, diez hombres cualquiera, y se la obligara a tener relaciones sexuales de todo tipo con ella durante un periodo determinado, una noche por ejemplo, ¿lo tomarían tan a la ligera? ¿O sería un trauma para ellas?", preguntó Don Juan.

⌑ "¡Sería horrible! ¡Ay Juan! ¡Ni lo digas! ¡Sabes perfectamente que esa es de las peores pesadillas de cualquier mujer, yo creo!", explotó Maribel.

⌑ "Vale, de acuerdo. Concuerdo contigo totalmente. Ciento por ciento o cien por cien o como se diga eso. Ahora imagínate cualquiera de tus amigos o varones conocidos en la misma situación pero con mujeres que le secuestran y le asaltan. Imagínate que te llega el fulano y te dice que fue sexualmente asaltado por diez mujeres que le obligaron – lo mismito que a tu amiga en el escenario hipotético anterior – ¡toda la noche a tener sexo con esas mujeres! – ¿Cuál sería tu reacción? ¡No te rías y contesta!", insistió Don Juan, aguantándose una sonrisa.

⌑ "¡Juan! ¡Por favor! ¿Cómo quieres que no me ría? ¿Trauma? ¡Qué trauma! ¡Fantasía hecha realidad! ¡Siempre que me cuentas alguna versión de lo mismo me tengo que reír aunque no lo quiera! Aceptado. No es lo mismo el sexo para la mujer que para el hombre, ni físicamente, ni psicológicamente, ni socialmente. Ganaste. ¿Satisfecho?", preguntó Maribel entre sonrisas y carcajadas.

¤ "No todavía no estoy satisfecho. Antes tengo que compartirte la idea que tengo para un negocio que nos hará ricos. Mira, contratamos a un grupo de prostitutas, como diez, y ofrecemos servicios de secuestros sexuales para hombres. Los hombres contratan un secuestro sexual y nos dicen sus horarios y sus rutas de desplazamiento, firman un acuerdo dándonos el derecho de secuestrarlos para abusos sexuales exhaustivos por las prostitutas. ¿Qué tal? ¿Te gusta la idea?", preguntó Don Juan, aguantándose él mismo la risa.

¤ "¡JAJAJAJAJA! ¡Millonarios nos haríamos! ¡JAJAJAJAJA! Juan, ¿cómo puedes ser tan serio y tan niño a la vez?", curioseó Maribel, entre carcajadas.

¤ "Es parte de mi encanto", respondió él con un guiño. Y luego, volviendo a la seriedad del tema: "No, claro que no es lo mismo. Y enfermedades aparte, ya que afectan a ambos géneros por igual, ¿acaso tu amigo tendría que preocuparse de quedarse embarazado por si le falló el anticonceptivo y tener que vivir el resto de su vida con un hijo ilegítimo de una violación o tener que pasar por el trauma de un aborto?", preguntó Don Juan.

¤ "No, claro que no", respondió Maribel, secándose las lágrimas de los ojos de tanto reír.

¤ "No somos iguales, los hombres y las mujeres. Y nunca lo seremos. Y no lo somos por motivos que superan las meras influencias culturales – que son muchas y también profundas, no digo que no – pero la existencia de patrones culturalmente implantados no implica que no existan diferencias biológicas bien marcadas. ¿Crees que habría una fiscalía en el planeta que aceptaría una denuncia de un hombre por ser violado sexualmente por varias mujeres?"

¤ "¡Jajajajaja! ¡Para ya Juan! ¡Claro que no! ¡La idea misma se me hace tan ridícula!", exclamó Maribel.

¤ "Claro que es ridícula. Será la pesadilla de toda mujer pero es la fantasía sexual de muchos, ¡muchísimos!, hombres", concluyó Don Juan.

¤ "Pero Juan siento que nos hemos desviado del tema", dijo Maribel, ya más calmada.

¤ "¡No, en absoluto! Fíjate que la cuestión de la promiscuidad femenina como concepto socialmente aceptable a la par con la masculina – que en realidad en ninguna sociedad lo es, por mucho que las feministas quieren que lo veamos así – solamente puede ser el resultado de una *tecnología* reciente: la anticoncepción. Solamente gracias a un desarrollo reciente tienen las mujeres las opciones a ser tan promiscuas sexualmente como los hombres sin arriesgar incurrir en los costos de la reproducción", explicó Don Juan.

¤ "Al menos que fueran menopáusicas, ¿no?", replicó Maribel.

¤ "¡Ajajá! ¡Vas captando! Pero seamos sinceros… las posibilidades de las menopáusicas en ese campo son muy limitadas dada la competencia de las mujeres jóvenes y fértiles – que por motivos de nuevo biológicos siempre son favorecidas por los hombres, desde los hombres jóvenes hasta los viejos: el impulso a reproducir es tan fuerte que universalmente los hombres prefieren ciertos rasgos en las mujeres que sean indicadores de fertilidad. Volviendo a lo que íbamos. Así que las conductas femeninas que surgen como resultado de la creación de los anticonceptivos resultan ser conductas culturalmente acondicionadas, si es que nos interesan discernir las diferencias entre conductas naturales y las culturales, mientras que la conducta sin las opciones artificialmente creadas por los anticonceptivos es la natural. Y la mujer, no el hombre, por naturaleza paga un precio sumamente, demasiado, alto por la promiscuidad – al menos que reciba una compensación económica por ello como prostituta, la profesión más antigua del mundo, según dicen", concluyó Don Juan.

¤ "¡Auch!", exclamó Maribel.

¤ "Pero mira, para no dejar a las cuarentonas y a las cincuentonas y a las demás sin lugar en el show, considera lo siguiente: los hombres jóvenes que buscan el mayor sexo posible sin ser particularmente discernientes, pues que entren en relaciones con las mujeres ya no fértiles, de esa forma ni ellos tienen que preocuparse por cuestiones de paternidad, ni ellas por la inmadurez de los jóvenes como padre, y las jóvenes mujeres que se queden con los hombres maduros que son más serios, más pacientes, más responsables, más centrados, etc., y por lo tanto – y por lo general, claro – mejores padres, mejores maridos y menos dados a la promiscuidad ya que ya no somos esclavos de nuestras hormonas y somos – por lo general, de nuevo – más capaces de razonar más allá de la próxima oportunidad sexual. ¿Qué te parece mi lógica?", dijo Don Juan con una sonrisa amplia.

¤ "¡Aplastante! ¡Tienes cara de niño orgulloso de haber marcado un gol en el patio del colegio!", respondió Maribel, igual de sonriente. "Pero entonces serán las mujeres mayores, que no podrían esperar entrar en relaciones a largo plazo, las que tendrían que lidiar con la promiscuidad de los hombres jóvenes y con sus infidelidades. No sé qué tal les vaya a parecer eso", agregó Maribel con una carcajada.

⌖ "¡Jajaja! ¡Pero estarán inundadas de sexo y podrán hacer lo que siempre les gusta hacer en las relaciones: tratar a los hombres como sus niñitos!", respondió Don Juan, añadiendo: "Pero la verdad es que a esa edad las mujeres casi todas están divorciadas, y están tan chamuscadas y amargadas por sus relaciones anteriores que raras veces pueden entrar en una relación duradera por su propia inestabilidad emocional. Tienen tanto veneno acumulado de toda una vida de relaciones fallidas que cualquier hombre que se acerque demasiado viene a ser el pararrayos de sus neurosis acumuladas."

⌖ "¡Jajajaja! ¿Esa es tu opinión profesional? ¡No, si dímelo directo! ¿Entonces deduzco que no te gustan las mujeres de tu edad?", preguntó Maribel interesadamente.

⌖ "¡Para pacientes, claro! ¡Me encantan! ¡Tú sabes que son la mayoría de nuestra clientela! ¿Pero para pareja? ¡Ni hablar! Si ya las conozco como pacientes, ¿para qué las iba a aguantar fuera del consultorio? Y nada tiene que ver con las arrugas ni con cuestiones estéticas, para que sepas. Simplemente, hay una cosa que una mujer mayor no tiene que una mujer joven sí tiene, al menos en potencia", informó Don Juan.

⌖ "¿Juventud? ¿Capacidad reproductora?", preguntó Maribel.

⌖ "Bueno, vale, pues dos", replicó él.

⌗ "Jajajaja. OK, pues dos. ¿Cuál es la segunda entonces?", preguntó ella.

⌗ "Bueno antes de contestarte te voy a hacer una pregunta, ¿vale?"

⌗ "¡De acuerdo! ¡A ver! ¡Dale!", dijo ella.

⌗ "Ahora que hemos visto en algunos de los seminarios lo que en diferentes culturas se espera de un 'Hombre' comparado a lo que se espera de una 'Mujer', ¿Cuál de los dos te parece que requiere mayor esfuerzo llegar a ser? ¿Cuál requiere mayor disciplina, exigencia, estudio, etc., para poder llegar a cumplir con el modelo, con el ideal en casi cualquier cultura?", preguntó Don Juan.

⌗ "Hombre", respondió Maribel, después de una breve pausa – no para dar con la respuesta, esa la tenía en la punta de la lengua, sino para considerar las consecuencias de lo que estaba admitiendo. Con frecuencia a Maribel le gustaba tratar predecir a dónde se dirigía Don Juan con su siguiente argumento. Para ella era una forma de entrar en su mente y conocerle mejor y hace tiempo que lo había convertido en todo un juego – como todo lo que se juega con frecuencia, con el tiempo uno va mejorando hasta hacerse experto. Pero esta vez se tuvo que admitir a sí misma que no tenía ni idea de por dónde iba a salir 'su' Don Juan.

⌗ "Bien, entonces, dado que es más difícil naciendo varón llegar a cumplir con ser Hombre que naciendo hembra llegar a cumplir con ser Mujer, ¿cuál de los dos crees que habrá en mayor abundancia en cualquier sociedad, dado que ambos nacen en más o menos la misma proporción? Sin tener en cuenta otros factores culturales, solamente la cuestión de la dificultad correspondiente para llegar a cumplir con el modelo. ¿Habrá más varones que lleguen a ser Hombres, con 'H' mayúscula, o más féminas que lleguen a ser 'Mujeres', con 'M' mayúscula?", preguntó Don Juan.

⌑ "Pues más 'Mujeres', claro. Al ser más difícil llegar a ser 'Hombre' pues habrá menos. ¿A dónde vas con todo esto Juan?", preguntó Maribel, reventando de curiosidad.

⌑ "¡Espérate mujer! ¡No seas tan ansiosa! ¡Ni que fuera a una caja de chocolates! ¡Ya llegará la navidad solita, no la tienes que ir adelantando!", exclamó Don Juan a modo de burla.

⌑ "¡Jajajaja! ¡Pues date prisa con los chocolates que se me hace agua la boca!", le respondió sacudiéndole el hombro derecho con su mano izquierda.

⌑ "Entonces, cuando hay menos de un producto en el mercado, ¿Cómo se cotiza con respecto a otro más común, que se encuentra en mayor cantidad?", preguntó Don Juan.

⌑ "No te entiendo Juan. ¿Cómo que cómo se cotiza?", respondió ella, pidiendo aclaración a la pregunta.

⌑ "¿Es más caro el oro que el plomo o el plomo que el oro?", fue la respuesta de Don Juan, en forma de otra pregunta más.

⌑ "Pues el oro es más caro que el plomo", dijo ella, creyendo casi comprender ya a dónde iba todo esto.

⌑ "¿Por?", inquirió él.

⌑ "Porque... ¡ah! ¡Ya! Porque hay menos oro y más plomo. ¿Entonces lo que me estás diciendo es que hay menos Hombres y por ello son más valiosos que las Mujeres?", dedujo ella.

¤ "Relativamente hablando sí en términos del mercado de las relaciones, por llamarlo de alguna forma. Eso mismo estoy diciendo", confesó Don Juan.

¤ "No creo que me gusta esa idea", respondió ella.

¤ "No te tiene que gustar. Es simplemente la aplicación de las leyes de la economía al mercado de las relaciones, como si estuviéramos hablando de cualquier mercado y cualquier producto", concluyó Don Juan, de forma casual.

¤ "Pero los seres humanos no somos productos en un mercado", replicó ella.

¤ "¿Ah no? Entra una mujer joven, atractiva, llamativa en una habitación llena de mujeres mayores, con sobrepeso, etc., ¿y a dónde va la atención de los hombres presentes?" preguntó él.

¤ "Pues a ella, claro", respondió ella.

¤ "Bien. Y por consecuencia ella tiene de dónde escoger en cuanto a parejas, ¿no?", continuó él.

¤ "Sí. Así es."

¤ "¿Y al tener de donde escoger no podría decirse que en el 'mercado' de las relaciones no puede cotizarse más alto que las mujeres menos atractivas, en el sentido de exigir una pareja? ¿Acaso no es ese el propósito por el cual las mujeres se maquillan, se arreglan el cabello, se ponen tacones altos, se enfajan, etc., etc., etc.?", preguntó Don Juan.

¤ "Sí, sí, claro que sí. Entiendo. Entonces los Hombres por ser menos en cantidad van a poder ser más selectivos porque van a atraer más mujeres que los que no tienen esas cualidades, ¿no?", resumió ella.

¤ "¿No estás de acuerdo?", preguntó él.

¤ "Pues si me lo explicas así, ¿cómo no voy a estar de acuerdo? Pero es que lo que no tiene sentido es que típicamente los hombre no se ven así, ni las mujeres tampoco. O sea, que los hombres no se ven como que tienen que hacerse de rogar ante las mujeres sino todo lo contrario, están siempre detrás de las que ven más bonitas o más atractivas. Por eso mismo las mujeres siempre se pintan tanto para tener donde escoger entre los hombres. Lo que me planteas es todo lo contrario a lo que veo que suceda en el mundo real", concluyó Maribel.

¤ "Bueno, volvamos a eso en un momento", dijo Don Juan.

¤ "¿Estás muy cansado Juan? Lo digo porque normalmente eres mucho más claro en sus explicaciones. Jajajaja. No me lo dejas tan fácil", comentó ella, con una sonrisa.

¤ "Jajajaja. Sí, bastante, fueron dos seminarios bastante largos, pero de todos modos creo poder explicártelo. Mira, es simple, por muy desarrollado que sea una sociedad, siempre va a ser más difícil para un varón cumplir con el ideal de ser Hombre que para una hembra llegar a ser Mujer, sobre todo teniendo en cuenta que el ideal de Hombre, con mayúscula, está basado en el arquetipo del sabio-guerrero. ¿En eso estamos de acuerdo, no?", preguntó Don Juan.

¤ "Sí, pero es que lo que tú llamas ser 'Hombre', con mayúsculas, aquí en esta sociedad ni se conoce, o sea, ni existe. Y puesto que no existe, entonces nada de lo que me estás diciendo de que los Hombres se vayan a cotizar más y van a poder escoger de entre las mujeres puede aplicar. ¿No es eso como cuantos ángeles caben en la punta de una aguja? Aquí hasta los hombres más grandes, los más viejos, son en realidad puros niños. Son inmaduros, indisciplinados, caprichosos, no le veo gran diferencia entre ellos y las mujeres, la verdad", respondió ella.

⋈ "Precisamente. Y es que Maribel, tienes que darte cuenta de que vivimos en una sociedad disfuncional, donde cada día hay más y más varones que son criados por madres solteras. Si la Hombría, con 'H' mayúscula, es un conjunto de patrones de pensamientos, conductas, y emociones que se transmiten de padres varones a hijos, ¿cómo quieres que los varones que se crían sin padres-Hombres, con 'H' mayúscula, sepan cómo comportarse como Hombres si los crían mujeres?", preguntó Don Juan.

⋈ "Pero Don Juan, ¿y la biología? ¿No nos dices que la biología afecta nuestra conducta?", preguntó Maribel.

⋈ "Sí claro, y mucho; y para algunas cosas hasta la determina. Pero nacemos incompletos. El cerebro se completa en interacción con el contexto en el que vivimos. Por ejemplo, tenemos que aprender a andar, pero lo hacemos al ver que otros igual que nosotros caminan. En los casos de niños salvajes, criados por lobos, por ejemplo, los niños andan a gatas, a cuatro patas y nunca aprenden a hablar. Aprendemos a hablar en sociedad. Mira, en África tienen un concepto muy importante en parte porque África es el punto de origen de nuestra especie, evolucionamos como especie en África así que es donde más tiempo hemos existido. Y ahí tienen un concepto que se llama 'Ubuntu'", informó Don Juan.

⋈ "¿Ubuntu?", preguntó Maribel, a pesar de que estaba segura de haberle oído hablar de ellos en otra ocasión al menos.

⌑ "Sí, es la base de la filosofía social africana según la cual los seres humanos se completan como tales en sociedad. En 'Ubuntu' no dicen *'pienso luego existo'*, sino que dicen *'yo soy porque nosotros somos'*. Es una declaración de la naturaleza social del ser humano, del reconocimiento de que nacemos incompletos y que nos completamos en interacción constante con los demás a nuestro alrededor. Para estas culturas nacemos con el potencial de ser humanos, pero no del todo seres humanos. Eso hay que ganárselo con la formación que se recibe y al cumplir con las responsabilidades con el grupo en el que convivimos", explicó Don Juan.

⌑ "¿Y eso, Don Juan, lo vamos a estudiar en algún programa?", preguntó ella.

⌑ "¡Claro, por supuesto! Pero de momento quiero que entiendas esto. Nacemos con ciertos instintos, con ciertas predeterminaciones y con otras predisposiciones, con ciertas tendencias, con ciertos impulsos. Ninguno es más impactante que el impulso sexual, el impulso de reproducirnos, aunque muchos no quieran reconocerlo. Pero también nacemos incompletos. Tenemos que aprender a ser verdaderos seres humanos, aprender a hablar, aprender a caminar en dos pies, y aprender a ser Hombres y Mujeres. Pero el aprendizaje para ser Hombre es mucho más arduo que para ser Mujer. Se nos exige más – donde exista ese concepto, claro. Y es que ese aprendizaje es importante para ayudar a balancear, a equilibrar nuestros impulsos biológicos, como el de sembrar la semilla donde haya campo fértil – o como dicen: *'a mojar el churro donde haya chocolate caliente'*", declaró Don Juan.

¤ "¡Jajajajaja! ¡'*Mojar el churro donde haya chocolate caliente*'! ¿Cómo se te ocurren tales cosas? ¡Qué gracioso! Esto debe estar relacionado con algo que no se me quedó claro eso de la poli... ¿La poli- qué?", preguntó Maribel.

¤ "Poligamia, poliandria, y poliginia. Y sí, están relacionados. *Poli-* significa 'muchos' o al menos 'varios' de cualquier cosa", explicó Don Juan.

¤ "Poligamia sé lo que es, pero no sabía que existía eso de 'poliginia' y 'poliandria'", dijo ella.

¤ "Poliandria viene de *poli-*, muchos, y *andria-* viene del griego 'andros', hombres, o sea, muchos hombres o maridos; *poliginia* se refiere a muchas mujeres o muchas esposas", aclaró él.

¤ "Sí, ahora entiendo. ¿Y según dijiste que más de un 80% de las culturas humanas son poliginias, o sea que permiten la poligamia para los hombres pero no para las mujeres? ¿Es eso cierto?", preguntó ella, algo incrédula.

¤ "Totalmente cierto. ¿Crees que me invento estas cosas? Ente el 84% y el 86% de las culturas admiten poliginia, aunque no es obligatoria claro, o sea, no todos los hombres en esas culturas tienen varias esposas", precisó Don Juan.

¤ "¿Pero la poliandria casi ninguna?", indagó ella.

¤ "Dos o tres de las que yo me acuerde en este momento," respondió él.

¤ "Perdona, pero tuve que salir para atender al teléfono y me perdí la explicación de por qué la poliginia es tan común pero la poliandria no lo es", explicó ella.

¤ "¡Jajajaja! A las mujeres donde no se practica la poliginia nunca les gusta aceptar eso. Racionalmente lo entienden, pero emocionalmente no lo aceptan porque no les parece 'justo'. ¿Verdad?", preguntó Don Juan, disfrutando de la evidente irritación que el tema suscitaba en su asistente-protegida.

¤ "Es que Señor Profesor Doctor Don Juan, lo que Usted nos está enseñado es esencialmente que las mujeres son inferiores a los hombres solamente por ser mujeres", reclamó Maribel, agregando, "¿Cómo crees que lo vamos a tomar?"

¤ "¡Espera, espera, espera! ¡Alto ahí! ¡Nadie dijo que fuerais inferiores! Solamente estoy afirmando que toda la evidencia sostiene o confirma la idea de que ambos somos diferentes, al menos en cuanto a ciertas cosas. Por ejemplo, no hay nada que confirme que las mujeres sean intelectualmente inferiores a los hombres ni que no sean capaces de desempeñar, por ejemplo, cargos políticos igual que los hombres. Estamos hablando de asuntos que tienen que ver más con programación biológica relacionado con o consecuente al impulso reproductor", aclaró Don Juan.

¤ "Bueno, pero aun así, ¿por qué los hombres pueden tener varias esposas y las mujeres no pueden tener varios esposos?", preguntó Maribel con aire de suma y profunda indignación.

¤ "¡Jajajaja!", estalló Don Juan en espontánea carcajada. "Mira, no es cuestión de justicia, es cuestión de *naturaleza*. De nuevo, ¿es justo que algunos nazcan ratones en un mundo con gatos? ¿Gatos en un mundo con perros? ¿Perros en un mundo de seres humanos como sus dueños?", preguntó Don Juan, retóricamente, agregando finalmente: "Podría decirse que para la supervivencia de la especie las mujeres son más importantes porque se precisan más de ellas, es decir, si hubiera que repoblar un nuevo planeta y tuviéramos que llevar un número limitado de individuos, la combinación óptima sería de más mujeres que hombres, ¿cuántas más exactamente?, no lo sé, pero está claro que puesto que el factor que limita la reproducción de nuestra especie es el factor femenino, haría falta más mujeres que hombres. ¿Qué tal esa perspectiva?", preguntó Don Juan, muy sonriente.

⌘ "¡Qué paciencia la tuya Juan! Te tiene que encantar esto de enseñar para estar aquí después de un día tan largo como el que acabas de tener, como todos los que tienes, y todavía dedicándome el poco tiempo que te queda a mí. Pero mira que te agradezco muchísimo que te tomes el tiempo en explicarme las cosas, de verdad. Lo que tú nos enseñas pues no lo enseña nadie, al menos no en nuestra sociedad, y aunque no nos guste pues en el fondo tenemos que aceptarlo porque tiene mucho sentido pero... pero... ¡Nos choca tanto! Todos sabemos que estamos mal. ¡Todos sabemos que todo está mal! Pero tú eres el único que nos explicas el por qué estamos mal y lo que tenemos que hacer para remediarnos, y créeme que tus pacientes y alumnos te lo agradecen. Pero de entenderlo a asimilarlo, ¡mucho menos aplicarlo!, hay un buen trecho. Así que nunca desistas y gracias por tu paciencia", le dijo, tomándole de la mano izquierda y sosteniéndola entre las dos suyas. Lo sorprendente de la situación es que Don Juan, tan elusivo que había sido siempre con Maribel, esta vez no movió la mano, sino todo lo contrario, agregó su mano derecha a sostener la suya superior y ahí se quedaron los dos.

¤ "Siempre ha sido un placer enseñar y sobre todo a ti; gracias a ti por tu interés. La antropología, la biología evolutiva, la psicología-biológica, la psicología evolutiva, entre otros campos, buscan tratar de distinguir entre lo que es cultural, o sea, lo aprendido, de lo que es genético, biológico, el resultado de la naturaleza esencial de la especie y no de la programación cultural de la misma. La antropología es el 'estudio del ser humano', la ciencia padre del humanismo, por decirlo de alguna forma. Estudia las culturas sobre todo las preliterarias, estudia la prehistoria, estudia los primates, y lo estudia todo para llegar a entender 'qué somos' como seres humanos. La biología evolutiva estudia la biología del ser humano como resultado de la evolución; la psicología evolutiva estudia la conducta humana, la mente en general, como resultado también de la evolución. Como ves, muchas disciplinas están sumándose para entender mejor al ser humano de acuerdo a lo que somos: animales formados y forjados por procesos naturales − nada de dioses ni de espíritus ni de demonios − seres vivos igual que todos los demás seres de la Tierra. Incluso la cultura es el resultado de la evolución natural de la especie", explicó Don Juan, encantado con su audiencia de uno. "¿Por dónde me perdí?", añadió.

¤ "Poliginia y poliandria", respondió ella con una cariñosa sonrisa.

✠ "¡Ah! ¡Pues no iba tan mal! El punto es que ambos se explican totalmente desde la perspectiva de nuestra programación reproductora."

✠ "¿La poliandria también?", preguntó Maribel, algo confundida.

✠ "Fíjate que sí, la poliandria también."

✠ "Es que entiendo que si los hombres pueden fertilizar a muchas mujeres que su tendencia va a ser tratar de hacerlo, aunque no queramos las mujeres aceptar eso como una excusa a su promiscuidad sexual, para que lo sepas," replicó ella, añadiendo, "pero no entiendo cómo es posible que la poliandria, que es lo totalmente opuesto, se puede explicar también en términos de la biología de la reproducción."

✠ "Bien, imagínate que tengo aquí dos cráneos. ¿Los ves en tu cabeza?", preguntó Do Juan.

✠ "Sí", respondió ella.

✠ "Vamos a suponer que no sabemos gran cosa de la especie pero sabemos que se tratan de primates de la misma especie. Uno es mucho más grande que el otro, y tiene colmillos mucho más grandes. Dado lo que has aprendido del curso respóndeme. ¿Cuál es el varón y cuál es la hembra?", inquirió Don Juan.

✠ "El grande es el varón y el pequeño es la hembra", concluyó ella.

✠ "¿Son monógamos o polígamos?", cuestionó él.

✠ "Polígamos", afirmó ella.

✠ "¿Poliandria o poliginia?", inquirió él.

✠ "Poliginia seguramente", afirmó ella.

✠ "¿Por?", preguntó él.

¤ "Porque el macho es mucho más grande y más fuerte y va a poder establecer y proteger un mayor territorio donde encajen varias hembras", replicó ella.

¤ "¡Muy bien! ¿Entonces el macho tiene mayor fuerza y por eso controla territorio, o sea, controla recursos importantes para la supervivencia?", preguntó él.

¤ "Sí."

¤ "¿Y cuál de los dos pasa más tiempo directamente con las crías?", inquirió.

¤ "Las hembras", dijo ella.

¤ "¿Por qué?"

¤ "Porque mientras que el macho se ocupa de proteger el territorio o de cazar animales mayores, las hembras tienen que ser las que se ocupan de los hijos", respondió ella.

¤ "¡Excelente! ¿Y si fueran los dos cráneos prácticamente iguales de forma que no se pudiera distinguir fácilmente entre los géneros? ¿Monógamos o polígamos?", indagó él.

¤ "Monógamos."

¤ "¿Por qué?"

¤ "Porque no hay una diferencia entre la fuerza física de los dos así que ambos van a desempeñar roles muy parecidos en la relación y dividir las tareas casi por igual", aclaró ella.

¤ "¡Muy bien! O eres tremendamente lista, o tienes un gran maestro...", dijo él.

¤ "¡O las dos cosas!", exclamó Maribel.

¤ "O las dos cosas", concordó Don Juan.

¤ "¿Pero Don Juan", comenzó a cuestionar la joven, "dónde estamos nosotros los seres humanos en todo esto?"

⌑ "Pues en el triste y confundido medio", respondió Don Juan, agregando: "No somos tremendamente dimorfos, como lo son los gorilas por ejemplo, o los orangutanes, pero sí lo bastante como para que por lo general existan diferencias. Pero los factores, nos gusten o no, vienen a ser los mismos: recursos y fuerza para controlarlos y defenderlos. Claro, hay casos en los que el poder en la manada o tropa lo llevan las hembras a pesar de ser más pequeñas y débiles, como en el caso de los monos gelada, donde las hembras forman coaliciones entre sí contra los machos, pero generalmente hablando, podemos concluir que mayor fuerza va con dominancia, control de recursos y múltiples hembras."

⌑ "¿Y la poliandria entre seres humanos?", quiso saber Maribel.

⌑ "Muy escasa, y los maridos son relacionados genéticamente, hermanos casi siempre que yo recuerde, y el propósito es de mantener los escasos recursos dentro de una misma familia. Existe una teoría muy aceptada entre la antropología y la psicología evolutiva de que nuestras tendencias altruistas son proporcionales a nuestra consanguinidad genética. O sea, que estamos más dispuestos a sacrificarnos por quienes están más genéticamente relacionados. Por lo tanto, es mucho más aceptable desempeñar las responsabilidades de padre para un sobrino con quien compartimos un 25% de nuestros genes, que para los hijos de un extraño. Lo primero que hacen muchas especies de animales donde el macho es dominante es matar a las crías de otros machos – los leones por ejemplo; eso tiene el efecto de que las hembras vuelvan a entrar en celo y así propagar sus propios genes. ¿Ves? Propagación de genes, fuerza, compartición de recursos. Las madres están dispuestas a compartir sus recursos – tiempo, energía – porque saben que sus hijos son suyos. Madres conocemos, ¿padres?, ¡no sabemos! Al menos no hasta las pruebas de ADN, de nuevo, tecnología reciente. Por eso mismo es tan importante en las sociedades humanas que la paternidad de los hijos no esté en cuestión. Una madre que se percibe como promiscua arriesga la muerte de su hijo por falta de acceso a recursos. Ten en cuenta que a lo largo de la historia de nuestra especie, y hasta hace poco, las mujeres no podían sobrevivir sin el patronazgo y la protección de algún hombre. Una madre sin esposo u hombre que cuidara de ella y de sus hijos, sobre todo durante los primero dos años de vida del bebé durante los cuales precisa de mayor atención de la madre, pone su supervivencia y la de su hijo en gran riesgo. La palabra 'genuino' viene del latín 'genu'. Cuando una soldado romano se encontraba con su recién nacido lo ponía sobre su 'genu', sobre la rodilla, para indicar que aceptaba ser el padre del bebé, o sea, que el bebé era 'genuino'. Ser hijo de padre desconocido es universalmente una vergüenza – para el hijo y claro para la madre. De ahí que ser llamado 'hijo de puta' o 'hijo de la chingada' sea tan grave insulto. En esencia dice que eres un indeseado social, e igualmente hijo de una indeseada social", explicó Don Juan.

¤ "Pero Juan, eso puede explicar la poliginia en las sociedades donde las mujeres precisan del 'patronazgo' de los hombres, como lo explicaste, y entiendo por qué explica que la poliandria sea tan rara, pero ¿y ahora? ¿Y en las sociedades en las que las mujeres pueden tener igualdad de derechos que los hombres? Todo eso que dice pudiera ser cierto en sociedades donde las mujeres no tienen igualdad de derechos y no tienen oportunidades para conseguir los mismos recursos económicos que los hombres. ¿Pero y la nuestra, por ejemplo?", preguntó Maribel.

¤ "¡Ah! ¡Muy buena pregunta! Por un lado cambios sociopolíticos no pueden erradicar el efecto de los procesos evolutivos que han forjado nuestro cerebro, y por lo tanto nuestra mente, a lo largo de centenares de millones de años. ¿Sabías que existe un gen que determina la poligamia en los varones?", preguntó Don Juan.

¤ "¿Un gen? ¿O sea, que la poligamia se determina hasta a nivel genético?", indagó Maribel, casi más asustada que asombrada.

¤ "Y ese mismo gen cuando se presenta en roedores de especies casi idénticas determina que los varones de una especie sean monógamas y fieles a su pareja, y la otra polígamos. Hombres con el gen de la poligamia van a ser mucho más promiscuos que aquellos que no lo presentan. Es una descubrimiento reciente y bastante interesante", explicó Don Juan.

¤ "¡Para ti que eres hombre será 'interesante', pero para las mujeres es como muy descorazonador!", exclamó Maribel.

¤ "Volviendo de momento a tu pregunta sobre la poliginia y la igualdad de acceso a recursos", comentó Don Juan, "sabes que cuando hablamos de recursos no hablamos solamente de riqueza, o dinero, o propiedad, ¿verdad?"

¤ "¿Pues de qué otros recursos me hablas?", curioseó ella.

¤ "Japón como país tiene pocos recursos naturales, pero su más grande riqueza son sus recursos humanos, el carácter industrioso y disciplinado de sus gentes, la cultura japonesa inspirada en el Bushido que es el código del camino del guerrero. El ser Hombre, con 'H' mayúscula, es de por sí un gran recurso. La Hombría misma no se limita a la donación de esperma, sino a compartir mucho más de lo que un Hombre, con mayúscula tiene que ofrecer dentro de una familia", explicó Don Juan.

¤ "¿Cómo por ejemplo?"

¤ "¡Jajajaja! Como por ejemplo, formar otros Hombres", respondió Don Juan.

¤ "¿Y si las mujeres no quieren 'hombres' en sus familias porque no quieren tener que someterse al dominio de un macho? No lo digo por mí, sino por las actitudes de muchas mujeres que conozco, mujeres como la Señora Martínez, por ejemplo", preguntó Maribel.

¤ "Pues, ¿te acuerdas hace tiempo de una presentación sobre los problemas sociales causados por la ausencia del padre en la familia, como la delincuencia juvenil, bajo rendimiento académico, y el pandillerismo?", preguntó él.

¤ "¡Totalmente! Estuvo genial esa plática – como todas las que tú das", replicó ella muy sonriente.

¤ "Pues gran parte de los problemas sociales que estamos viendo son el resultado de que la paternidad sea quizás el recurso menos valorado en toda la cultura y civilización occidental, devaluado por completo por el aumento del pensamiento feminista que ha querido, más bien ha logrado, imponer la idea de que no existen diferencias esenciales e importantes, entre los hombres y las mujeres. El resultado a lo largo de las últimas tres o cuatro décadas ha sido desastroso. Generaciones de varones se están criando por mujeres y no tienen ni idea de lo que se requiere para una identidad masculina funcional, saludable. Hemos cambiado una cultura de guerreros por una sociedad de políticos y policías corruptos, jueces deshonestos. La juventud se cría escuchando música que no hace más que adorar a narcotraficantes pandilleros, ya sea en forma de música Rap o narcocorridos. ¡Hasta los niños en las calles están jugando a ser narcos y sicarios! Ese es el resultado de la insistencia de anular la figura paterna de la familia, de anular el arquetipo del sabio-guerrero de la cultura misma. ¿Y quiénes son las primeras víctimas de ello?", preguntó Don Juan.

¤ "Pues diría las mujeres por el contexto de la conversación, pero no te sabría decir exactamente el por qué", respondió Maribel muy sinceramente.

¤ "Mira, si los hombres no se forman como tales, listos para aceptar sus responsabilidades como maridos y padres, se crían entonces como meros muchachos inmaduros, pero muchachos con impulsos sexuales. Esos muchachos se casan buscando madres sustitutas y amantes seguras – dos pájaros convenientes de un tiro. No les importan que las mujeres se impongan en sus vidas porque están acostumbrados a ser dominados por una parte, pero por otra consentidos y malcriados por sus propias madres. A nivel familiar el problema viene cuando la esposa comienza a tener hijos.

Entonces el muchacho en vez de ver un individuo para formar y forjar a futuros hombres para que sean padres responsables y esposos respetuosos se vuelve en un ejemplo de todo lo contrario. Se siente alienado y desplazado y ve a los hijos como rivales por la atención de la madre-sustituta y van en busca de otra. No digamos que incluso antes de la llegada del bebé, con el embarazo mismo y las náuseas, los vómitos, el cansancio, se interrumpe por completo el juego sexual de la pareja. Entonces ahí queda la madre o bien sola y soltera, o bien con un marido/padre presente-ausente que sale con frecuencia con los 'amigos' y que se desentiende por completo de la familia. ¡Y a pesar de ser 'adulto' – entre comillas – suele ser todavía chiqueado por su propia madre, que nunca le deja crecer para ser hombre! ¿Y por qué? Porque no hay hombre que ponga límites a las tendencias maternas de acomodar y consentir, en vez de disciplinar y exigir. A nivel social, pero solamente tienes que ver los sistemas políticos y los económicos en los países donde estos problemas dominan en el ámbito familiar. La familia es la base de la sociedad, donde se forman los futuros líderes políticos, los futuros policías, jueces, etc. Todos los políticos tienen la tendencia a ser corruptos, pero no todos los países son de tercer mundo. En algunos países la corrupción política está lo suficientemente bajo control como para no determinar la economía, por ejemplo, en otros la corrupción es la economía. ¿O no lo ves la relación entre los patrones que nos advierten el departamento de policía de Houston y los patrones dominantes en la política del país?", inquirió Don Juan.

⌘ "Perdona Juan, ¿pero podrías explicarme de nuevo qué es un 'patrón'?", preguntó ella.

⌘ "Hmm... Sí claro. Un diseño recurrente, un conjunto de actitudes, conductas, formas de pensar, emociones, perspectivas que se manifiestan de forma recurrente, que se repiten", contestó él.

⌘ "¿Y eso de que los 'patrones persisten' tiene que ver, no?"

⌘ "Por ejemplo, el alcoholismo o la violencia doméstica; ambos resultan ser el producto de patrones de conducta, patrones predispuestos por factores biológicos, psicológicos, y sociales, todos recurrentes, y que se repiten en una familia, de generación en generación, o sea, que 'persisten' de generación en generación. Las hijas de padres alcohólicos acaban casándose con alcohólicos; las hijas de padres abusivos físicamente y psicológicamente acaban casándose con hombres igual que sus padres que a su vez abusan a sus hijos. Lo mismo con los hombres, ¡no creas que se escapan por ser varones!: los hijos varones de madres abusivas se casan con mujeres igual que sus madres y los patrones persisten de generación en generación. Ese es un patrón que con frecuencia, con demasiada frecuencia, se ve repitiéndose en las familias y en las sociedades en general", aclaró Don Juan.

⌘ "Ya entendí. ¿De qué estábamos hablando?", preguntó Maribel.

⌘ "¿Ahora la cansada eres tú? Jejeje", dijo Don Juan sonriendo.

⌘ "No, para nada. Sigue. Solo que me perdí un poco, disculpa", respondió ella.

- ¤ "Estábamos hablando de lo que aporta un verdadero Hombre como padre de familia."
- ¤ "¡Ah sí! Claro", dijo ella.
- ¤ "Entonces. En general podríamos decir que los Hombres…"
- ¤ "Con 'H' mayúscula", precisó ella.
- ¤ "Exacto, con 'H' mayúscula. Podríamos decir que ofrecen disciplina, exigencia – todas las cualidades que Shodai describe en su ensayo *'¿Por qué el guerrero?'*, que claro son consecuencia del arte del guerrero", explicó Don Juan.
- ¤ "¡A muchas mujeres no les gusta eso de que sus hijos sean guerreros! Quieren que siempre sean sus bebés para, como tú bien dices, para chiquearlos."
- ¤ "Que los quieran mantener como sus bebés o no, llegando a cierta edad tienen un exceso de lo que se llama *'testosterona'* que no entiende de madres disfuncionales e inadaptadas a las responsabilidades naturales de la maternidad", explicó Don Juan, agregando: "¿Te acuerdas del caso de los elefantes adolescentes en esa reserva donde habían eliminado a todos los elefantes adultos?"
- ¤ "¿Esa reserva en África, en Kenia creo, donde los elefantes varones adolescentes formaron como una pandilla que iba atacando y masacrando a todos los rinocerontes y búfalos que se toparon por el camino y tuvieron que traer a elefantes varones adultos para ubicar a los adolescentes, o eso o matarlos?", preguntó Maribel.
- ¤ "¡Buena memoria! El mismo. Y cuando hicieron unos análisis de sangre a los elefantes adolescentes descubrieron que sus niveles de testosterona estaban por las nubes y de ahí que su

agresividad estuviera fuera de control. Como bien dijiste, los encargados de la reserva se enfrentaron con dos opciones: o matar a todos los adolescentes o conseguir elefantes machos adultos que los pusieran en su lugar – a la fuerza. Optaron por un control natural. Entraron los machos adultos y aplicaron bota a trasero a los machitos y después de algunas broncas todos contentos y felices. Los varones tienen que aprender a controlar su testosterona, y solamente lo van a hacer por motivo de imposición de otros más fuertes que ellos – y llegada la adolescencia cuando el chico es casi tan fuerte como un hombre adulto ese motivo no va a ser la madre", enfatizó Don Juan.

⌑ "¡Si tú supieras Juan lo problemático que es esto para las mujeres aceptar! ¡Qué no vamos a ser capaces de criar bien a los hijos que salen de nuestros propios vientres solamente porque seamos mujeres! Es que de alguna forma lo sabemos pero como no del todo, o no lo tenemos presente en su totalidad, o simplemente no queremos aceptar lo que sabemos por lo que implica para nosotras. Perdona que te pregunte algo. Ya sé que cuando me preguntaste que si era más difícil ser Hombre o ser Mujer, y yo te dije que Hombre, ¿pero exactamente por qué? ¿Lo ves? ¡Como que en un momento dado lo entiendo y me parece totalmente racional y obvio pero luego… es como si no lo quiero aceptar! Me lo podrías explicar, de nuevo, ¿por favor? ¿De una forma que se me quede mejor?", pidió ella.

⌑ "¡Jajajaja! ¡Ya decía yo que me lo habías concedido demasiado fácilmente! A ver. Que te dé unos ejemplos. ¿Te acuerdas de la película de Mulan?", preguntó Don Juan.

⌑ "¿Acordarme? ¡Me encanta ese filme!", exclamó Maribel.

⌑ "¿Cuál es el mensaje esencial de la película?", inquirió él.

⌑ "Pues que una muchacha se disfraza de varón y logra superar todo el entrenamiento para los soldados y hasta destacarse entre ellos a pesar de ser mujer", aclaró ella.

⌑ "¡Exacto! ¡Y lo celebramos por dos cosas! Una, porque una mujer ha logrado algo que pocas mujeres logran: distinguirse en el campo típicamente seleccionado para los hombres, el del guerrero, ¿verdad?", dijo Don Juan.

⌑ "Sí, ¿y a la otra? Dijiste que dos cosas", contestó ella.

⌑ "La segunda es que queda claro por el mensaje de la película que para llegar a ser Hombre, con 'H' mayúscula, hace falta adiestramiento marcial, hace falta disciplina, dura, intensiva, para cultivar los atributos que se consideran propios de un Hombre. ¿Verdad?", comunicó él.

⌑ "¡No lo había mirado así la verdad! ¡Pero ahora que lo dices, veo que es totalmente cierto!", respondió ella.

⌑ "¡Claro que sí! De hecho hay una canción que lo específica tal cual. Busca la letra en inglés en Google en tu celular y tradúcela", dijo Don Juan.

⌑ "¿En inglés?", cuestionó ella.

⌑ Sí. En inglés. Es que la versión española no resalta ese aspecto, por eso mismo quizás no lo captaste."

☒ "Bueno aquí lo tengo y lo paso por el traductor de Google. Toma, corrige la traducción tú", dijo ella, pasando el teléfono portátil.

☒ "Voy:

"Voy a hacer un hombre de ti"
Vamos a ir al grano
Para derrotar a los hunos
¿Me enviaron hijas cuando pedí hijos (varones)?
Ustedes son el grupo más triste
Que jamás haya conocido
Pero puedes apostar
Que antes de que terminemos
Señor, voy a hacer un hombre de ti.

Tranquilo como un bosque
Pero con un fuego interior
Una vez que encuentre su centro estará seguro de ganar
Sois un montón cobarde, pálido y patético
Y no tienen ni idea
Pero de alguna manera voy a hacer un hombre de ti.

"Yo nunca voy a recuperar el aliento"
"Digan adiós a los que me conocían"
"Vaya que fui un tonto en la escuela al ausentarme del gimnasio
"Este tipo los tiene aterrado a muerte"
"Espero que no me descubra"
"Ahora sí que me gustaría que saber nadar."

(Sé un hombre)
Hay que ser rápidos como el río que cursa
(Sé un hombre)
Con toda la potencia de un gran tifón
(Sé un hombre)
Con toda la fuerza de un incendio voraz
Misterioso como lado oscuro de la luna.

El tiempo se no está agotando para que los hunos lleguen
Preste atención a mi cada cosa que les puedo y es posible que
sobrevivan
Eres inadecuado para la furia de la guerra
Así que haz las maletas, vete a casa, estás acabado
¿Cómo podré hacer un hombre de ti?

(Sé un hombre)
Hay que ser rápidos como el río que cursa
(Sé un hombre)
Con toda la potencia de un gran tifón
(Sé un hombre)
Con toda la fuerza de un incendio voraz
Misterioso como lado oscuro de la luna.

(Sé un hombre)
Hay que ser rápidos como el río que cursa
(Sé un hombre)
Con toda la potencia de un gran tifón
(Sé un hombre)

Con toda la fuerza de un incendio voraz
Misterioso como lado oscuro de la luna."

⧖ "Juan, me recuerda a eso un poco a esa poesía que nos leyó de "Si" de Rudyard Kipling, y de la otra poesía de Calderón de Barca de los Tercios españoles", comentó ella.

⧖ "Universalmente se ha reconocido que el Hombre, con 'H' mayúscula, y ser un guerrero son una misma cosa, y que para ser el uno hay que ser formado como el otro. Muchas mujeres no quieren hombres firmes y formados porque no se prestan a manipulaciones, pero por otro lado se quejan de que los varones que se dejan dominar son muchachos inmaduros. Si lo que quieren es una sociedad de madres solteras y varones irresponsables, adelante, sigan como van, porque hacia allá vamos. Quieren un perrito faldero, un chihuahua para disponer como quieran, y luego un tigre para protegerlas. No funciona así. Solamente acaban con elefantes adolescentes que atropellan a todo con sus impulsos agresivos y berrinchudos y que luego buscan escudarse detrás de sus mujeres cuando se presentan las adversidades", comunicó Don Juan.

⧖ "Pues la verdad es que no vayas a creer que las mujeres son mejores en ese sentido; mejor dicho lo que abundan ni son mujeres. Son muchachas adolescentes que creen que tener bebés es como jugar con muñecas, y que luego nomás quieren salir de clubes con las amigas y se casan para ya no tener que vivir bajo el techo materno y poder hacer lo que ellas quieran, no porque quieran el trabajo de llevar bien una casa o de formar hijos, varones o mujeres", comentó ella.

¤ "Tú misma lo has dicho, no yo", dijo él con una sonrisa.

¤ "Debes estar muy cansado. Se te ha olvidado por completo eso otro que tienen las jóvenes y no las mujeres mayores", le recordó ella.

¤ "Jajajaja. Pues sí. Las mujeres jóvenes tienen la capacidad para cambiar. Para ser amoldadas para convivir con un Hombre, con 'H' mayúscula", respondió él.

¤ "¿Changa vieja no aprende maroma nueva?", aclaró ella con una risita.

¤ "Exacto. No es que no puedan cambiar, sino que tienen patrones y expectativas tan arraigados que es prácticamente imposible hacerlo. Y puesto que se criaron siempre entre hombrecitos, pues quieren el tigre por lo grande y fiero, pero lo quieren tener como perrito faldero. Busca *'¿Por qué Shodai no se casa?'* en tu teléfono y veras como lo razona él."

¤ "Shodai, ¿tu autor favorito?", preguntó ella.

¤ "El mismo. Búscalo y léelo en voz alta, anda", dijo él.

¤ "A ver... Diario de un Sennin... aquí está:

'¿Por qué Shodai no se casa?' 4 de diciembre de 2011 a la(s) 14:12

La pregunta ha sido formulada hasta explícitamente por jóvenes en el Ryu y ha sido un tema que ha estado zumbando tediosamente en la periferia de mi vida íntima como una mosca fastidiosa amenazando profanar la sopa. "¿Por qué Shodai no se casa?" llegó un ex-alumno a preguntar a su madre – según ella, que por cierto mostraba mayor interés en el tema que pudiera tener un alumno, pero en fin, puras especulaciones basadas en demasiadas insinuaciones para poder ignorar.

Pues esa hora ha llegado de dejar bien asentada la respuesta a la pregunta y sacar a quien sea de interesante el tema de su estado de duda. Por lo tanto, y hablando como portavoz autorizado de Shodai y la voz de su conciencia e inconsciencia la respuesta a la pregunta "¿Por qué Shodai no se casa?" es la siguiente:

Shodai no se "casa" – y con "casar" no me refiero al estado de compartir temporalmente un espacio habitual sino al compromiso formal del 'CUMPLIR O MORIR' del "matrimonio" – por una simple y clara razón: para que Shodai se "casara" la "candidata" tendría que aceptar totalmente lo que Shodai "es" como Sennin y lo que "representa": su disciplina, a su visión, a su posición como fundador y rector de MAMBA, de MAMBA RYU y del Instituto KAIZEN Center de MAMBA RYU; además, y como consecuencia y por lo tanto, la "candidata" tendría que estar completamente dedicada y abnegada al Sendero de MAMBA, al Camino del Sennin, a que Shodai le formara de acuerdo a esa visión – a SU visión. Si el Papa pudiera casarse, ¿se casaría con una atea? ¿Con una musulmana? ¿Con una judía? ¿O por lo contrario se casaría con una mujer que reflejara su posición, identidad, y (supuestas) convicciones?

Shodai es un artista de la formación de identidades; para que Shodai se "enganchase" con alguien con el propósito del compromiso de matrimonio esa "alguien" tendría que aceptar – y ser digna de – ser su "obra de arte". Ese es el secreto del estado civil de Shodai. Shodai no precisa de que le "enseñen" nada –

aunque acepta que aprende de todos y todo: SEMPER ERUDITIO –
ni que le "conozcan" – para eso escribe y da seminarios, lecturas,
etc. Shodai no es reacio a la idea del matrimonio, en absoluto. No
obstante, quien no acepte a Shodai como "es" no puede amar a
Shodai. ¿Por qué Shodai iba a querer casarse con quien no le ama?
¿Qué es Shodai? Shodai *es* - entre otras cosas – un
"transformador" de personas: Shodai se dedica a amoldar, a
cultivar, a forjar la excelencia personal en las personas, a todas las
personas en su esfera de acción, de influencia. Shodai no sabe, no
puede, no quiere, no se permite, aceptar la mediocridad en las
personas en su esfera de influencia porque Shodai ES el Gran
Maestro. ¿Acaso el "Encantador de Perros" tendría como mascota
a un can desastroso o se vería impulsado a adiestrar a cualquier
perro que entrara en su radio de autoridad simplemente porque
eso es lo que hace ("encantar" perros) y lo que es (encantador de
los mismos)?

Quien no esté de acuerdo con lo que Shodai *es* no puede amar a
Shodai como esposa. MAMBA es lo que Shodai hace y MAMBA es
lo que Shodai es. Quien no sea una MAMBA correspondiente no
podría ser la esposa de Shodai. ¿Acaso un tigre podría 'casarse'
con una gallina? ¿Por qué no se le permite a Shodai lo que se
permite a cualquiera: decidir las cualidades y características
personales para su propia esposa?

Shodai no es un "Playboy incorregible" – como se le ha acusado –
ni tampoco ha hecho voto de celibato o de castidad sexual, y
promete cambiar su estado civil en cuanto la "candidata"
apropiada se presente para la misión.

¡SEMPER MAMBA!"

- ¤ "¿Y qué te parece?", preguntó Don Juan.
- ¤ "Más claro ni el agua. Me parece un hombre que sabe exactamente quién es y lo que exige en una pareja, o sea, alguien a su medida. Y me parece que pudiera estar hablando de ti mismo, eso es lo que me parece. Una hombre especial que requiere una mujer igual de especial, no común y corriente, y puesto que no se encuentran por ahí en esta sociedad, me parece que está dispuesto a formarla a medida", recalcó ella con una sonrisa pícara.
- ¤ "Sí, pero date cuenta que el propósito del matrimonio es para la reproducción de la especie, para la reproducción, el cuidado, y la formación de los hijos – ¡no para la fantasía romántica de la pareja! Sin hijos no tiene sentido casarse. La familia es el centro reproductivo y a la vez la molécula de la sociedad, no el individuo. Que una pareja sin hijos se deshaga como tal no es gran cosa, pero si una relación con hijos lo hace tiene repercusiones de toda índole – económicas, emocionales, hasta físicas – en las siguientes generaciones. Todo lo que promueva la estabilidad familiar es bueno. O las mujeres jóvenes aceptan la inmadurez y la promiscuidad de sus maridos o cambian de gustos y van a por los más mayores y estables", proclamó Don Juan.
- ¤ "¿Y la poliginia?", preguntó ella.
- ¤ "¿Qué hay de ella?"

¤ "¿Parece que la favoreces mucho, será que te interesa para ti?", inquirió la joven.

¤ ¿Para mí? ¡No por castigo! La gente solamente piensa en el sexo, no piensan en la responsabilidad que eso supondría. ¡No tengo ni tiempo ni energías para andar lidiando con varias mujeres a la vez!"

¤ "No creo que te faltaran energías Juan. ¡Te he visto entrenar!"

¤ "Mis energías están para cosas más productivas. Gracias pero no gracias."

¤ "¿No sé si te entendí bien, entonces queda claro no te agradan las mujeres de tu edad?", preguntó ella con tono burlón, cambiando un poco el tema.

¤ "No me interesan las mujeres de cualquier edad que piensen que con solamente ser atractivas, hacer tareas en la casa, y ocupar espacio delante de la televisión ya lo tienen todo hecho, y encima a querer ser tratadas como diosas, reinas o princesas porque me hacen el gran favor de..."

¤ "¡Jajaja! ¿De? ¡No te detengas Juan! ¿El gran favor de?", dijo Maribel riéndose y exigiendo aclaración.

¤ "...de agraciarme con su presencia", respondió Don Juan, midiendo sus palabras.

¤ "¿Te afectó mucho, verdad?, trabajar en ese lugar, con las pandilleras y las prostitutas, ¿verdad?", preguntó ella de pronto, cambiando el tema y el tono de la conversación.

¤ "Víctimas sociales de todo tipo, Maribel, de todo tipo", respondió él conforme una sombra oscura recubría su mirada de pronto ausente.

¤ "¿Cuál fue tu peor caso? ¿El más difícil, el que más te afectó?", curioseó ella.

¤ "Fueron tantos la verdad, uno tras otro; pero el que más creo que fue el caso de una muchacha con apenas 13 años de edad, quizás incluso fueran 12, tenía que tomar medicinas para controlar los efectos del daño cerebral a causa del uso de anfetaminas. ¿Y sabes por qué usaba las anfetaminas?", preguntó Don Juan.

¤ "¿Por qué?"

¤ "O quizás sería mejor decir 'para qué', pues para lidiar con el trauma constante del repetido abuso sexual desde que su abuela la puso a prostituirse a los 9 años de edad", dijo Don Juan.

¤ "¡Qué horror Juan!"

¤ "¿Y sabes por qué la abuela la puso a prostituirse a esa edad?"

¤ "¿No, por?", preguntó Maribel.

¤ "Porque su madre la había abandonado y como la mujer era una drogadicta y una alcohólica que se prostituía para drogas ni siquiera supo quién era su padre; y así se van pasando los ciclos de una generación a otra. Y si hubieras visto la muchachita. Tan joven, tan frágil, tan bonita hasta que sonreía y mostraba sus dientes podridos por el abuso del cristal. Después de caso tras caso me di cuenta de que nada se podría hacer solamente con psicología si uno no aprendía de cultura y de sociología. Los patrones culturales que todos tenemos y tomamos como normalidad, como la norma, solamente son convenios, y nada más. Pero si no hacemos algo para descubrir la disfuncionalidad presente en tantos si es que no la mayoría de esos convenios nunca vamos a poder superar la patología colectiva que la sociedad misma manifiesta. Hay que ir a la familia, a la disfunción familiar y dentro de la familia a la pareja, y dentro de la pareja a los roles de hombre y mujer. No sabemos ni cómo deberíamos ser los seres humanos. Tenemos que empezar a hacernos preguntas fundamentales sobre qué significa ser un ser humano, un hombre, una mujer, cuál es la función de la familia, cómo criar mejor a los hijos y con qué motivo, etc., y no buscar las respuestas en ficciones absurdas creadas hace miles de años antes de que supiéramos que el cerebro da lugar a la mente, que el planeta es esferoidal, y que la luna no está hecha de queso", dijo Don Juan.

¤ "Pero eso está mucho más allá de la psicología, mucho más allá de transformar o sanar una sola mente", respondió ella.

¤ "La base es el paradigma biopsicosocial – biología, psicología, y sociedad – hay que tener esas tres en cuenta para todo. La biología es la base y esa no la podemos cambiar, somos lo que somos, por evolución; pero hay que entenderla, hay que cambiar la cultura para que esté de acuerdo a las necesidades de la biología, en armonía con ella, no en contra de ella. Hay que comprender las necesidades psicológicas que esa biología crea en nosotros, y hay que crear relaciones y familias y sociedades para satisfacer esas necesidades, no a los dioses o a los espíritus", explicó él.

¤ "¿Y a qué llamas tu eso? Porque va mucho más allá de la psicología, o al menos de lo que entiendo por ella", comentó ella.

¤ "Ingeniería cultural", especificó Don Juan.

⊭ "¿Ingeniero cultural? Suena muy distinguido. ¿Entonces, señor don ingeniero cultural, de acuerdo a tu paradigma personal, te casarías de nuevo para comenzar otra familia si encontraras la mujer apropiada, tal y como implica Shodai?" Fue la pregunta que ella tenía pensado hacerle toda la noche, y desde hace tiempo, pero de esta noche se había propuesto no dejar de preguntarle. Temía la respuesta pero tenía que tener una. No podía quedarse más tiempo 'al pie del cañón' esperando algo que quizás jamás fuera a llegar. Si no obtuviera una respuesta que le diera aliento había resuelto buscar empleo en otro lado y alejarse de él cuanto antes y lo más más posible.

⊭ "Sí, claro,", respondió él como si hubiera leído lo más íntimo de sus pensamientos, como si ese 'sí, claro', fuera mucho más que una respuesta a 'esa' pregunta y ante todo una respuesta a 'la' pregunta, como si en realidad hubiera dicho 'sí claro, pensé que nunca me lo pedirías', pero tampoco quería ella hacerse demasiadas ilusiones a pesar de que la respuesta la dejó sin aliento, aturdida por unos segundos. "¿Estás bien?", preguntó Don Juan.

⊭ "Sí, claro", fue todo lo que pudo decir en ese momento. Pero luego, eternas fracciones de segundo después cuando su cerebro lograra arrancar y siguiendo con su plan, finalmente dijo: "Mira, tengo un regalo para ti. Cierra los ojos", le dijo ella, tratando de ocultar las lágrimas que se le habían formado.

⊭ "¿En qué quedamos en que mire o cierre los ojos? A ver si te aclaras, ¿eh?", dijo él, burlándose de ella pero cerrando los ojos de todos modos.

¤ "¡Anda deja de discutir por todo y cierra los ojos de una vez!", le reclamó ella, aprovechando para limpiarse las lágrimas que le escurrían por las mejillas. Sin quitar de su posición la mano izquierda con la que le tapaba los ojos, con la derecha produjo de por debajo del sofá lo que al principio parecía como un cuadro con marco y todo. Inmediatamente después de sacarlo lo mantuvo posado sobre su propio regazo, pero de cara hacia ella para que Don Juan no pudiera ver el contenido. "¿Listo?", preguntó la joven de la cara iluminada de alegría y el cuerpo entero vibrando de entusiasmo.

¤ "¿Ya puedo?", preguntó Don Juan, no queriendo romper el encanto del momento. "¿Así que no solamente te ocupaste con lo del taller esta tarde?"

¤ "Jajajaja. ¡Pero qué bobo eres Juan!", dijo ella, soltando una carcajadita nerviosa. "Esto, para que sepas que no todo lo tienes bajo control, lo llevo escondido durante más de una semana aquí mismo. ¡Ándale! ¡Ya puedes abrir los ojos!", respondió ella con sumo entusiasmo, volteando el cuadro justo conforme él fijaba la mirada.

¤ "¡Guau!", exclamó él, sinceramente impresionado.

¤ "Es tu poesía favorita", dijo la joven, "te lo mandé imprimir sobre un fondo de muro de castillo medieval pintado por tu artista favorito, *El Gony*."

Pueblo de nadie

Tierra parca de sueños
Almas de esclavos

Pueblo que implora dueños
Y se vende por centavos.

Tierra sin piernas ni ilusiones
Caminan arrastrados
Pueblo sin visiones
Donde se paran acostados.

Tierra de pesadillas
Ni a soñar se atreve
Pueblo que nace de rodillas
Y lo mediocre promueve.

Tierra de futuro ausente
Pueblo sin ídolos ni figuras
Colonizados de cuerpo y mente
Héroes sin bravuras.

Tierra sin riqueza de visionarios
Pueblo de corruptos y vicarios
Exiliado de guerreros
Desterrada de sabios.

Tierra de fueros
Pueblo de soberbias y apatías
Vacía de causas
Repleta de rebeldías.

Tierra ignorante que rechaza enseñanza
Tierra supersticiosa y con eruditos resentida
Pueblo de infancia malcriada
De juventud desperdiciada y consentida.

Tierra tan pobre que solo el dinero adquiere
Donde el que más tiene es el que vale
Pueblo sin compromiso ni disciplina
Tierra perdida, Pueblo de nadie.

Por Shodai Sennin J. A. Overton-Guerra

⌑ "¡Increíble! ¡Que tremendo detalle Maribel! ¡Muchísimas gracias! No sé qué decir, la verdad. ¡Está increíble!"

⌑ "Feliz aniversario Juan", respondió la joven, y apartando el cuadro cuidadosamente a un lado para que no estorbara su propósito, se abalanzó sobre su jefe y mentor con un abrazo fuera de todo protocolo profesional que hubieran mantenido durante sus tres años de estancia. Y con los brazos alrededor de su cuello y los labios pegados a su oído susurró: "Para que sepas que algunos sabemos apreciar lo que haces aquí por nosotros, esa ingeniería cultural, y que no son sueños guajiros los tuyos de traer un cambio a las vidas de tus alumnos y pacientes".

⌑ "¿Feliz aniversario? ¿Aniversario de qué?", preguntó él, su rostro, entrecejo fruncido, parecía toda una máscara de perplejidad.

- "Hoy hace ya tres años que comencé a trabajar contigo", respondió ella.
- "¿Tres?"
- "Tres."
- "¿Hoy mismo?"
- "Hoy mismo."
- "¿Cómo puedes estar segura?"
- "Lo anoté en mi diario, el día y la hora. ¿Quieres que te lo demuestre?", preguntó ella, desafiante.
- "No, para nada. Entonces lo que tengo yo es apropiado", respondió él.
- "¿Qué?"
- "Toma, feliz aniversario para ti también." Y con eso Don Juan produjo una cajita con un anillo, de entre los cojines del sofá.

La noche anterior...

- *¿Papá, tienes unos minutos?*
- *Claro que sí hijo. ¿Qué sucede? Tienes cara de quien se le murió el canario.*
- *Isabel y yo tuvimos una bronca hace unos minutos de las buenas, quiero decir, de las malas, y pues rompimos. ¿Qué estabas haciendo?*
- *Preparando mi clase de mañana, tomando unos apuntes de unos libros sobre la antropología y la psicobiología de las relaciones. ¿De qué querías hablarme?*
- *Es que siento que nunca voy a encontrar a alguien con quien me pueda llevar.*

¤ *Jejeje. Mira hijo, hay ciertos mitos en nuestra cultura que nos ocasionan mucha miseria en la vida. Uno de ellos es el concepto este de la 'media naranja', esa idea de que de alguna forma somos incompletos hasta que encontremos esa persona especial que nos complemente perfectamente. Tienes que quitarte esas pendejadas de la cabeza. Primero complétate tú como ser humano, luego aplica el adagio de 'cada oveja con su pareja'. Tú e Isabel no teníais futuro alguno. Mejor que rompierais ahora que después de tener un par de hijos.*

¤ *¿Por qué dices eso?*

¤ *¿Por qué digo eso? ¿Por qué digo eso? ¿Cómo que por qué digo eso? ¡Dímelo tú! A ver, ¿de qué te llevas quejando de ella día tras día casi desde que empezaste a salir con ella?*

¤ *Pues, de que siempre requiere atención, de que se queja de que estoy estudiando siempre, o de que se queja porque me paso demasiado tiempo en el gimnasio, cosas así.*

¤ *¡Vaya! ¿Y te parece poco eso? ¿Y qué más?*

¤ *¿Qué más?*

¤ *¿Sí, de qué más te quejas?*

¤ *Pues, no sé, de que no le interesa mucho lo que yo hago.*

¤ *Hijo, no estás estudiando para albañil, estás estudiando psicología y filosofía, no son exactamente disciplinas que uno puede apagar después de la jornada laboral, ¿me entiendes? Y si tu futura esposa no tiene interés alguno en lo que te dedicas vais a tener problemas, créeme.*

¤ *No todos tenemos que ser tan dedicados a nuestros trabajos como tú.*

⌐ *Ah, ya. Mira, te voy a decir algo después de cantidades de relaciones fallidas y después de haber aconsejado a centenares de personas con las suyas. El poder de la atracción física desvanece con el tiempo. Búscate la mujer más sensual del mundo y te encontraré media docena de hombres que se hartaron de tirársela. Así de simple. Al final lo único que mantiene juntas a las personas es lo que tienen en común y que eso que tengan en común sea de lo más esencial para cada una de ellas. Si desde el principio de la relación tu novia se queja de cómo empleas tu tiempo y de que ella no es el sol de tu galaxia lo llevas claro. ¿Vas a dejar de entrenar por ella? ¿Vas a abandonar tus sueños de estudios de posgrado? ¿Qué va a pasar cada vez que tú quieras algo de tranquilidad para leer un libro y ella quiera salir de compras, o poner música a todo volumen, o que te sientes con ella a ver la telenovela?*

⌐ *¿Pues habrá tiempo para todo, no crees? No voy a estar estudiando y entrenando siempre.*

⌐ *¿Acaso hay bastante tiempo para ella ahora? Según ella al parecer no.*

⌐ *Pero es que Papá, a veces nos llevamos de maravilla. Tenemos una conexión, como mágica. Mamá dice que para que una relación funcione ambas personas tienen que estar dispuestas a ceder y a cambiar.*

⌐ *¿Tu madre te dijo eso?*

⌐ *Sí, es lo que dijo.*

⌐ *¡Ja! Bueno, claro que los dos tienen que estar dispuestos a cambiar y a ceder, ¡un poco!, ¡pero si crees que la cebra va a dejar de tener rayas para complacer al caballo, o el leopardo* *va a perder sus manchas para quedar bien con el león, lo llevas muy claro! Hijo mío, déjame decirte algo sobre el cambio en las personas, y ten en cuenta que te lo dice alguien que se dedica a buscar el cambio en ellas y que le buscan y le pagan por hacerlo.*

¤ *¿Qué cosa?*

¤ *La gente solamente cambia a punta de espada, cuando no tienen más remedio, y aun así la mayoría no lo hacen, prefieren que se les atreviese. De no ser así no habría obesidad en el mundo, ni narco-adicción, ni alcoholismo, nadie fumaría, etc., etc. Entrar en una relación con la esperanza de que la persona 'cambie' es la ilusión más nefasta y la más antigua del mundo. Cuando vienen a mí consultorio matrimonios al borde del divorcio al final, después de muchas preguntas y tremenda presión, todos, absolutamente todos, confiesan que se divorcian por las mismas causas por las cuales peleaban cuando eran novios.*

¤ *¿Y por qué se casaron entonces?*

¤ *Pensaban que el otro iba a cambiar. Acepta a la persona tal y como es o recházala, pero si crees que alguien va a cambiar por 'amor' eres un iluso y te espera una tremenda cantidad de dolor. Ahora mismo si te sales de la relación por completo el dolor será mil veces menor que si continuas por ese camino ya que a cada paso que tomes mayor será tu inversión emocional, tu inversión personal, y te será más difícil ver las cosas con claridad y te será más difícil obligarte a hacer lo que tu raciocinio sabe perfectamente que debes hacer. ¿Y esta vez por qué fue la bronca, si se puede saber?*

⌘ *Ella insiste en una boda en la iglesia, religiosa. Yo eso ni lo trago. Ella me acusa de egoísta. Yo le dije que seré egoísta pero no hipócrita; y yo le pregunto que por qué soy yo el egoísta en decir que no quiero una boda religiosa y no ella en exigírmelo.*

⌘ *Vaya. Pensé que eso ya estaba decidido.*

⌘ *Yo también. Pero al parecer no. Al parecer es que su madre le está presionando y se ofrece a pagarlo todo así que por qué me estoy oponiendo, y bla, bla, bla.*

⌘ *¿Y qué te dice que ella esté de pronto cediendo a las voluntades de su madre, tu futura suegra?*

⌘ *Que siempre va a ser así.*

⌘ *¿Y qué más?*

⌘ *¿Cómo y qué más? ¡Ni que fuera poca cosa!*

⌘ *Tus hijos. ¿Los quieres criar en la religión o libres pensadores como os crié a tus hermanos y a ti?*

⌘ *¿Religiosos? ¿Mis hijos? ¡Ni hablar!*

⌘ *¿Y crees que si cambió de parecer por su madre con respecto a la boda que no va a cambiar de opinión cuando lleguen los hijos? ¡Espérate a que estés casado y tenga la sartén por el mango! ¡Si crees que te trata de editar todas tus actividades no has visto nada todavía!*

⌘ *¿Y no puedes enseñarme algo para ayudar a cambiarla?*

⌘ *Lo que te puedo enseñar lo absurdo que eres al hacerme esa pregunta. ¿Cuánta gente de verdad hace lo que le digo, a pesar de que 'saben' que tengo razón? ¿Lo haces tú y soy tu padre? La gente solamente sigue consejo racional si no interfiere con conveniencia emocional. Sentimiento antes de pensamiento hijo. Pensamiento solamente cuando ya la ha regado por completo – entonces sí siguen el consejo, a veces. Lo más difícil para la gente es cambiarse. Somos la especie que ha evolucionado precisamente para tener la capacidad de cambiar nuestro medio ambiente a nuestro antojo y necesidad, y tratamos de aplicar esa facultad evolutiva a todo y en todo. La gente no quiere cambiar, quiere que el mundo cambie para acomodarse a sus caprichos. ¿Qué ella cambie? ¿Por qué no cambias tú? ¿Por qué no dejas de ir al gimnasio, por qué no dejas de estudiar tanto, por qué no abandonas tus sueños de estudios posgraduados, por qué no vives tu vida para satisfacer cada antojo y capricho de la princesita que elegiste principalmente por ser princesita?*

- ¤ *¡Eso es ridículo padre! ¿Para qué voy a vivir yo una vida tan vacía como esa? ¡Eso no es vivir, es vegetar!*
- ¤ *¿Y por qué crees que tú eres así? ¿Por qué crees que te fascina el estudio, el cultivo de tu cuerpo y de tu mente?*
- ¤ *No sé, siempre he sido así. Desde que era pequeño tú nos leías o nos hablabas de cosas, y nos llevabas a entrenar contigo.*
- ¤ *¡Exacto! ¿Crees que sea coincidencia que tú y todos tus hermanos os hayáis distinguido tanto en el estudio de algo de la mente como en el atletismo y las artes marciales? ¡Hasta la amargada de tu hermana mayor Jana es una estudiante excelente y una gran atleta!*
- ¤ *No, claro que no es coincidencia. Así nos criaste.*
- ¤ *Así os formé – ¡y a pesar de tu madre! Y de la misma manera Isabel en vez de ir de librerías los domingos como íbamos nosotros se iba de misa y catecismo; y en vez de criarse*

leyendo libros, se crio viendo telenovelas. Y si crees que va a aceptar que lo tuyo es mejor porque tú lo digas eres tan absurdo como suenas. Va a querer criar a sus hijos de la misma forma que ella misma fue criada igual que tú quieres hacer lo mismo con los tuyos – así que lo mejor es que sus hijos y tus hijos no sean los mismos hijos y que te encuentres alguien que comparta tus ideales de vida. ¿O no te acuerdas de las broncas que tuve con tu madre sobre vuestra formación?

⊐ *Sí, cómo no acordarme. ¿Y eso tuvo que ver con tu divorcio?*

⊐ *En buena parte sí. Yo también me casé pensando que iba a poder 'formar' a tu madre que me había hecho tantas promesas de que quería estudiar y aprender, etc., etc. Pero luego al final solamente quería hacer lo mismo de siempre. No fue hasta que nos divorciamos que se puso las pilas en la vida, pero durante el matrimonio no hubo manera alguna, sino todo lo contrario: me resentía a mí todo el tiempo que no me dedicaba a un trabajo de buen ingreso en vez de perseguir mi formación académica. ¡Así que si quieres más de lo mismo, adelante!*

⊐ *¿Pero de qué sirve estudiar psicología si la gente no cambia? ¿Eso es lo que me estás diciendo, no?*

⊐ *No me estás escuchando. La gente va a un psicólogo impulsado por algo para el cambio; no entran en una relación amorosa para cambiar sino todo lo contrario, para ser aceptados tal y como son. ¿No ves la diferencia? No puedes obligar a nadie a cambiar, eso lo tienen que hacer por su propia cuenta. Es como estudiar. ¿Quién aprende más, los que toman un curso porque quieren aprender o los que solamente lo toman porque quieren el certificado o peor todavía, porque se lo hayan impuesto?*

⌑ *Los que quieren aprender, claro.*

⌑ *Mi consejo de padre a hijo es que te des cuenta de que el concepto cultural que tenemos del amor es solamente una creación, una idea, que traza sus orígenes al amor cortés y nada tiene que ver con la realidad de una relación armoniosa, estable, mutuamente beneficial. ¡Nada! Sino todo lo contrario. La idea de que vas a encontrar a alguien cuya dedicación a cada capricho tuyo te va a dar la felicidad eterna es una fantasía. Nadie te puede dar la felicidad salvo tú mismo. La idea de que sin esa persona no puedes ni respirar, ni vivir, es absurdo. ¿Sabes cuántos matrimonios acaban en divorcio hoy en día? Más de un 50%. Y de los matrimonios que no se divorcian si les preguntas si son felices en él la mayoría te dirían que no, que no lo son. ¿Sabes cuántos divorcios había en las sociedades donde los matrimonios eran arreglados por los padres? Espera, te voy a buscar una descripción en línea sobre el 'amor cortés'. Aquí lo tengo en esta página de Jorge Manrique en:*

http://jorgemanrique.alinome.net/amorcortes.php donde dice lo siguiente:

Los rasgos de este amor son los siguientes:

- La humildad, pues siempre el enamorado se siente inferior a la amada.
- La cortesía, porque sus formas no son groseras sino refinadas y llenas de delicadeza. Sólo los nobles en

linaje y conducta, hombre y mujer, pueden aspirar al amor.

- La utopía, porque no aspira a conseguir el favor de la amada; sólo le basta con expresarle su admiración y su devoción, sin esperar ninguna recompensa a cambio.
- El desinterés, porque el poeta no pretende el matrimonio, sino que canta a una dama excelsa y elevada con la que no puede aspirar al casamiento.
- La frustración, por la imposibilidad de consumar el amor o porque el desastre sigue inmediatamente a la consumación.
- El secreto, por ser un amor encubierto, no manifestable públicamente.

⌕ *O sea, ¿es un concepto del amor como algo inalcanzable e imposible?*

⌕ *¡Exactamente! Y para mantenerse como amor tiene que ser inalcanzable y tormentoso, como Don Quijote con su Dulcinea. Una idea de mujer, no una realidad. ¡La amada es la salvación espiritual del amado! Eso es el concepto de lo que la gente en esta cultura y civilización ha creado del amor, algo imposible, algo que si es consumado está destinado al fracaso. Es como querer llevarte una estatua de hielo al desierto.*

⌕ *¡Padre, no vas a escoger mi esposa ni loco! ¡Así que no te hagas ilusiones! ¡Jajaja!*

⌕ *¡Jajajajaja! ¡Gracioso! ¡Muy gracioso! Pero esa no es la respuesta a la pregunta. La respuesta es: menos de un 3%. Menos de un 3% de los matrimonios arreglados terminaban en* *divorcio. ¡Y en sociedades donde el divorcio sí se permitía! ¿Y sabes por qué? Porque nadie hacía a otra persona responsable por su propia felicidad, y porque cada uno sabía cuál era su propio papel, su propio rol en el matrimonio. ¿Te has puesto a pensar en detalle cuáles son tus responsabilidades como padre, como esposo?*

- ⌑ *La verdad es que no.*
- ⌑ *¿Entonces cómo demonios crees que alguien como Isabel que no tiene ni la décima parte de la preparación que tú vas a haberlo hecho? ¡Así que los dos sin la menor idea de cómo llegar ni a dónde vais, ya estáis pensando en ir, perderos por el camino, y a lo peor llevaros a dos o tres hijos con vosotros! Hijo, sácate la cabeza del trasero, encuádrate tú como adulto, como hombre, y luego busca una pareja que encaje contigo, que haga buena pareja, no por su apariencia física, no seas tan superficial, sino por su carácter.*
- ⌑ *¿Y si no encuentro a nadie?*
- ⌑ *Entonces encuentra a alguien interesada y capacitada en ser formada para desempeñar ese papel.*
- ⌑ *Pero padre, podría ser viejo para entonces.*
- ⌑ *¿A qué llamas tu 'viejo'?*
- ⌑ *No sé, treinta y tantos, ¿cuarenta?*
- ⌑ *Hijo, créeme, los hombres que se conservan físicamente y que se forman intelectual y profesionalmente no se hacen 'viejos', sino que se hacen 'interesantes'. Te lo dice tu padre que lo sabe. Llegando a mis cuarentas tuve que quitármelas de encima a patadas. Hasta una vez una mujer me chocó el auto en un alto a propósito para conocerme. Piensa en ser como el*

buen vino, no en como el vinagre. *Mantente en forma, cultívate, fórmate. Si te comprometes a esta edad acabarás traicionando a mujer tras mujer aunque las ames. Caballo que no corre lleva la carrera dentro. Cuando el rabo deje de menear al perro y tus hormonas dejen de gobernar a tus neuronas estarás preparado para sentar la cabeza.*

¤   ...

www.ingramcontent.com/pod-product-compliance
Lightning Source LLC
Chambersburg PA
CBHW070413290526
45791CB00005B/1713